Heidi und Christina Huber

KUCHENGLÜCK VOM BLECH

Familienrezepte, die einfach gelingen

HEIDI UND CHRISTINA HUBER

Kuchenglück vom Blech

FAMILIENREZEPTE,
DIE EINFACH GELINGEN

Mit Fotografien von
Peter von Felbert

löwenzahn

Inhalt

Kuchenglück vom Blech? Nichts leichter als das!

Kuchenglück – ja, dieses Wort fällt uns ein, wenn wir wieder ein neues Rezept für köstliche Blechkuchen kreieren. Beim Stöbern in überlieferten Aufzeichnungen unserer Großmütter entdeckten wir Rezepte, die sich seit Jahrzehnten bewähren. Und so manches Rezept, das Sie in diesem wunderbaren Backbuch zum Nachbacken verführen soll, fand den Weg zu uns während eines gemütlichen Kaffeeplausches, hingekritzelt auf einen Notizzettel und einige Tage später von uns ausprobiert und ins Reine geschrieben.

Blechkuchen sind wandelbar und für jeden Anlass das Richtige – ob Weihnachtsfeier, Geburtstag, Grillfest, Kaffeekränzchen oder Schulfeier. In diesem Buch bringen wir gemeinsam unser Wissen ein, einerseits durch die jahrzehntelange Erfahrung beim alltäglichen Backen und Kochen, andererseits durch das fundierte Fachwissen als gelernte Bäckerin und Konditorin.

Die Welt des Backens ist reicher und vielfältiger geworden und die Fülle an unterschiedlichen Mehlsorten, Zuckerarten und Fetten schier unüberschaubar. Wir lieben die Verwendung von regionalen, saisonalen und biologischen Zutaten, aber es darf durchaus auch einmal etwas Exotisches sein.

Wir wünschen Ihnen viel Erfolg beim Backen und sind glücklich, unsere Rezepte weitergeben zu dürfen. Zu wissen, dass schon bald der Duft von himmlischen Blechkuchen durch viele Häuser strömt und Sie in fröhlicher, entspannter und geselliger Runde Ihre selbst gebackenen Köstlichkeiten gemeinsam genießen können, freut uns von ganzem Herzen!

HEIDI UND CHRISTINA HUBER
HERBST 2016

Die wichtigsten Helferlein in unserer Küche

Wir lieben unsere Küche, sie ist der Mittelpunkt in unserem Haus und der Treffpunkt für uns alle. Unsere Küche ist aber auch unser Arbeitsplatz und der Ort, an dem unsere Rezepte entwickelt, verfeinert und zu herrlichen Kuchen gebacken werden. Christina hat einen tollen Küchenspruch: Wenn ich früher zu viel überlegte und mich fragte, ob eines unserer neu kreierten Rezepte wohl gelingen würde, dann meinte sie „das gelingt, sicher!“. Dieser Optimismus bestätigt sich, Freude, Neugier und Zuversicht sind elementare Zutaten fürs Backen.

Neben guten Rezepten, der richtigen Einstellung und der nötigen Zeit braucht es natürlich auch einige Geräte, die das Backen erleichtern. Das Beste muss hier keinesfalls das Teuerste sein, sondern das Beste ist das, womit man gut arbeiten kann. Das ist für jeden etwas anderes.

Die wichtigsten Helferlein in unserer Küche

UNSER BACKROHR

Wir haben uns bei der Neuanschaffung unserer Küche bewusst für ein schlichtes und einfach zu bedienendes Backrohr entschieden und sind sehr glücklich damit. Unsere Entscheidung ist deshalb so ausgefallen, weil wir uns wünschen, dass unsere Kuchenrezepte selbst mit einem einfachen Backrohr beim Nachbacken gut gelingen. Ist das Backrohr etwas älter, so kann es sein, dass die Heizspiralen nicht mehr richtig funktionieren und die Kuchen unterschiedlich bräunen und aufgehen, oder die Backofentür schließt nicht mehr richtig. Mit einem defekten Backrohr zu arbeiten, macht einfach keinen Sinn, dazu sind die Lebensmittel viel zu kostbar – und die eigene Zeit auch. Viele Backöfen haben getönte Sichtscheiben, das hat den Vorteil, dass man nicht in das Backrohr hineinsieht und eventuelle Unsauberkeiten „unsichtbar" bleiben. Beim Backen, speziell beim Backen von Keksen, ist das aber durchaus ein Nachteil, denn manche Scheiben sind so getönt, dass man die Bräunung des Backwerks nicht gut sieht. Da sind Scheiben vorteilhafter, die durchsichtig sind.

OBER- UND UNTERHITZE ODER HEISSLUFT?

Wir backen seit einiger Zeit so gut wie alle Kuchen mit Ober- und Unterhitze. Sie trocknen dadurch nicht so aus wie beim Backen mit Heißluft und bleiben lange frisch und flaumig. So kann man den Kuchen einige Tage lang genießen. Beim Backen mit Ober- und Unterhitze wird das Backrohr vorgeheizt. Bei Backrohren mit Kontrolllampe kann man das Erreichen der Backtemperatur genau sehen. Wir heizen unser Backrohr vor, sobald wir mit der Zubereitung des Teiges beginnen.

Wenn Sie lieber Heißluft verwenden, mehrere Blechkuchen gleichzeitig backen möchten oder einen Backofen besitzen, der nur mit einer Heißluft-Funktion ausgestattet ist, dann reduzieren Sie bitte die bei den Rezepten angegebene Backtemperatur um 15–20 °C.

BACKRAHMEN

Backrahmen, deren Größe sich variabel verstellen lässt, sind ideal zum Backen. Der Vorteil bei der Verwendung eines Backrahmens ist, dass der Teig gleichmäßig schön aufgeht. Die meisten Backbleche haben einen niedrigen Rand, dadurch gehen die Teige unregelmäßig auf, sind in der Mitte meist höher als an den Rändern. Das kann man mit der Verwendung eines Backrahmens vermeiden. Somit lassen sich die Kuchenstücke auch gleichmäßig schneiden, da man keine niedrigeren Randstücke hat. Backrahmen bitte nicht befetten, da der Teig beim Aufgehen durch das Befetten abrutscht und nicht so schön aufgeht. Reinigen kann man den Backrahmen leicht, indem man ihn einige Minuten in der Spüle in heißem Wasser liegen lässt. Mit dem Backrahmen lassen sich auch kleinere Blechkuchen zubereiten, die Mengenangabe in den Rezepten einfach darauf abstimmen.

AUFLAUFFORMEN

Manchmal benötigt man nicht ein ganzes Blech Kuchen. Falls man keinen Backrahmen zur Verfügung hat, bei dem man die Größe verstellen kann, und einen kleineren Blechkuchen backen möchte, lässt sich dieser mit der Hälfte des Teiges in einer Auflaufform von ca. 20 × 30 cm gut zubereiten.

TEIGKARTEN

Teigkarten leisten nicht nur gute Dienste beim Aufstreichen der Masse auf das Backblech, sie sind auch die besten Helfer beim Reinigen der Teigschüssel. Alles, was man mit der Teigkarte aus der Schüssel entfernt, braucht man später nicht mühsam spülen.

PINSEL

Wir arbeiten am liebsten mit herkömmlichen Naturborstenpinseln. Wer es mag, kann natürlich auch Silikonpinsel, die einfacher zum Reinigen sind, verwenden. Die Naturborstenpinsel immer gleich nach der Verwendung unter fließendem Wasser abwaschen, so bleiben sie lange neuwertig.

KÜCHENMASCHINEN

Die Frage beim Kauf einer Küchenmaschine muss in erster Linie sein: Was brauche ich und was leistet die Maschine? Gute Qualität muss nicht teuer sein, und teuer bedeutet nicht automatisch gute Qualität. Wichtig ist für uns, dass die Küchenmaschine einfach in der Handhabung ist, einen starken, leistungsfähigen Motor hat und sich gut reinigen lässt. Andere wiederum bevorzugen Küchenmaschinen, die viele unterschiedliche Funktionen haben. Das ist eine Frage, die jeder für sich selbst beantworten muss. Und weil jemand anderer mit einer Küchenmaschine zufrieden ist, muss man es deshalb noch lange nicht selbst sein. Am besten ist immer, sich unterschiedliche Maschinen anzuschauen und auszuprobieren, wie sie in der Handhabung sind. Auch das Internet leistet dabei mehr oder weniger gute Dienste, wenngleich viele Bewertungen nicht immer ganz objektiv sind. Eine Küchenmaschine sollte einem selbst einfach sympathisch sein, man sollte das Gerät beim Benutzen, aber auch beim Reinigen „mögen“.

UNSERE ZUTATEN: SELBSTVERSTÄNDLICH BIOLOGISCH, MEIST REGIONAL UND SAISONAL

Wenn wir über die Verwendung der Zutaten für das Backen sprechen und schreiben, dann kommen wir nicht darüber hinweg, auch über die Hochwertigkeit von Zutaten zu sprechen.

Dass „bio“ kein Schmäh ist, liegt auf der Hand: Die biologische Landwirtschaft unterliegt strengen Kontrollen hinsichtlich Haltung und Fütterung der Tiere, Verwendung von Dünge- und Spritzmitteln oder auch Verwendung von Zusatzstoffen bei biologisch verarbeiteten Lebensmitteln. Mit jedem Kauf biologischer Produkte leisten wir einen wertvollen Beitrag für unsere Umwelt. Wir verwenden Bio-Produkte, möglichst regionaler Herkunft, und wir halten uns, soweit es geht, an die saisonalen Angebote von Obst und Gemüse (auch das findet sich in diesem Backbuch). Das fällt uns leicht, denn Obst, das außerhalb der Erntesaison angeboten wird, ist oft unreif, wenn es auch von außen schön aussieht. Das Aroma von reifem Obst riecht man, und der Duft ist die beste Qualitätsprüfung. Bio ist leider durchaus eine Frage der Leistbarkeit, aber eben auch eine Frage der Einstellung, die wir zu unserer Gesundheit, zu unserer

Umwelt und der Generation nach uns haben. Und das Angebot an Bio-Produkten ist auch in günstigen Supermärkten sehr reich und umfassend geworden. Bedauerlicherweise ist für bio die Regionalität kein Kriterium. Daher sollte man beim Kauf von Bio-Produkten darauf achten, woher sie stammen.

Es ist ein Segen, dass wir auch Produkte genießen können, die von weit her kommen. Das macht unsere Ernährung vielfältiger. Trotzdem sollte man sich damit auseinandersetzen, dass unsere Umwelt dadurch belastet wird, einerseits wegen der Transportwege, andererseits, weil viele Produkte, wie Obst, Nüsse oder Mandeln, aus Monokulturen stammen, die der Umwelt schaden. Manchmal ist es mühsam und aufwändig, genau zu lesen, wie Produkte produziert werden, aber es gibt einige Gütesiegel, wie z.B. Fairtrade, die die Struktur des Kleinbäuerlichen fördern. Jeder von uns hat eine Verantwortung der Natur gegenüber, und wenn diese Produkte teurer sind, so sind sie das aus gutem Grund.

Im Laufe der Jahreszeiten zu leben, auch beim Backen darauf zu achten, welche Früchte gerade regional und saisonal angeboten werden, darauf wollen wir Lust machen. Es ist ein unvergleichliches Erlebnis, sich auf einem nahen Bauernhof die Früchte selbst zu holen oder Erdbeeren im Erdbeerland zu pflücken, im eigenen Garten Früchte anzubauen und diese dann in der Küche weiterzuverarbeiten.

WELCHES MEHL FÜR MEINEN KUCHEN?

Bei der Frage, welche Mehlsorte verwendet werden soll, scheiden sich die Geister. Während die einen für Vollkornmehle, frisch gemahlen, schwärmen, meinen andere, ein feiner, flaumiger Kuchen sei nur mit Auszugsmehl hinzukriegen. Wir verwenden für unsere Kuchen meist glattes Mehl, dafür backen wir unser Brot fast immer mit Vollkornmehl. Sie können aber genauso gut Universalmehl, griffiges oder Kuchenmehl verwenden, wenn Sie damit besser zurechtkommen. Ich kenne aus den vielen Backkursen, die ich abhielt, die unterschiedlichsten Meinungen, und bei der Frage, welches Mehl man verwenden sollte, gab es oft heftige Diskussionen. Die einen verwenden nur glattes Mehl zum Backen, während andere auf Universalmehl schwören, manche backen ausschließlich mit Vollkornmehl, andere mischen unterschiedliche Mehlsorten. Wer gerne mit ausgemahlenem Dinkelmehl bäckt, kann das Weizenmehl damit gut ersetzen. Gesundheitliche Vorteile gibt es für ausgemahlenes Mehl scheinbar keine, und auch Vollkornmehl wird nicht von jedermann vertragen, manche reagieren mit einem unangenehmen Völlegefühl und Magenschmerzen. Das Angebot an unterschiedlichen Mehlen, auch bei Glutenunverträglichkeit, ist mittlerweile sehr umfangreich.

Zu beachten ist, dass Vollkornmehle etwas mehr Flüssigkeit benötigen. Unsere Rezepte sind mit ausgemahlenen Mehlen angegeben. Wer wenig Backerfahrung hat und mit Vollkornmehl backen möchte, der kann damit beginnen, 1/3 des Mehlanteiles durch Vollkorn zu ersetzen.

SIEBEN DES MEHLES

Einer der wichtigsten Handgriffe beim Kuchenbacken ist das Sieben des Mehles, vor allem auch bei der Verwendung von glattem Mehl. Zuerst wird das Mehl mit Backpulver gut vermischt und dann anschließend gesiebt, die Kuchen werden dadurch wesentlich flaumiger und gehen wunderbar auf.

ALLES ZUCKER UND NOCH VIEL MEHR!

Aus unseren Backkursen wissen wir, wie unterschiedlich süß die Menschen es lieben. Was für den einen zu süß ist, ist für den anderen gerade richtig. Bei zahlreichen Rezepten spielt es überhaupt keine Rolle, wie viel Zucker Sie verwenden, das betrifft die Cremes, die Zuckermenge bei Pudding sowie bei Marinaden von Äpfeln, Birnen oder anderen Obstsorten für Kuchen. Für die Teige empfiehlt es sich, die angegebenen Zuckermengen nicht allzu viel zu unterschreiten.

Wenn wir uns mit Alternativen zu Zucker aus der Zuckerrübe beschäftigen – und wir haben das intensiv getan –, dann taucht sehr schnell bei den im Handel angebotenen Produkten der Zusatz „gesunde" Alternative zu Industriezucker auf. Auch diese Produkte sind Kinder der Industrie, und sie werden begeistert oder kritisch gesehen, je nachdem, wer darüber schreibt. Wir haben unsere Erfahrungen mit den

unterschiedlichen Varianten zum Süßen gemacht, und jedes Produkt hat Vor- und Nachteile. Je mehr man über die Produkte zum Süßen Bescheid weiß, desto klarer wird auch, dass man keine Empfehlung abgeben kann. Wer auf die Zuckerindustrie schimpft, darf nicht außer Acht lassen, dass so gut wie alle Alternativen einen weiten Weg und eine intensive Verarbeitung hinter sich haben, bis sie bei uns in den Regalen der Geschäfte landen.

Birkenzucker

Birkenzucker ist im Geschmack für uns die beste Alternative zu Zucker und man kann ihn 1:1 verwenden, allerdings mit der Einschränkung, dass Birkenzucker für Hunde absolut giftig ist. Verwendet man Birkenzucker zum Backen, dann sollte man sich dessen bewusst sein, auch was die Entsorgung eventuell übrig gebliebener Kuchenstücke über den Biomüll betrifft.

Stevia

Stevia ist im Garten oder auf dem Balkon eine wunderbare, dekorative Pflanze, deren Blätter sich herrlich eignen, um Kräutertees oder Säfte aus frischen Kräutern und essbaren Blüten zu süßen. Wir haben Stevia-Pflanzen im Garten, diese lassen sich sehr einfach pflegen und sind nicht anspruchsvoll.

Mittlerweile gibt es unterschiedliche Stevia-Produkte am Markt, sodass man sich, verwendet man Stevia zum Backen, an die auf der Packung angeführten Mengenangaben halten kann.

Unsere Erfahrungen beim Backen mit Stevia sind eher ernüchternd, denn Stevia hat eine völlig andere Backeigenschaft als Zucker. Dass mittlerweile Konzerne den Anbau von Stevia-Pflanzen in großem Stil betreiben und im Handel erhältliche Stevia-Produkte industriell hergestellt werden, stellt die Produkte auf eine ähnliche Stufe wie andere Süßungsmittel. Wer den Geschmack von Stevia mag, sollte sich ausführlich mit den Backeigenschaften beschäftigen, und wir empfehlen, sich ein gutes Backbuch zum Thema zu besorgen.

Agavendicksaft

Agavendicksaft lässt sich gut an Stelle von Honig verwenden. Er wird aus der Agavenpflanze produziert. Nach der Blüte wird diese aus der Pflanze herausgeschält, und in diesem Hohlraum bilden sich täglich bis zu 1,5 Liter Agavensaft, der dann weiterverarbeitet wird. Produkte, die bei uns erhältlich sind, kommen hauptsächlich aus Mexiko. Momentan ist Agavendicksaft, genau wie Stevia, ziemlich in.

Honig
Was wirklich für Honig und die Kleinproduktion von Bienenhonig spricht: Wir brauchen die Bienen für unser Ökosystem in einem Ausmaß, das uns manchmal viel zu wenig bewusst ist. Sich mit der Imkerei zu beschäftigen wird immer beliebter, und ein gutes Glas Honig bei einem Imker in der Nähe zu kaufen, ist eine sinnvolle Alternative zu Zucker.

Kokosblütenzucker
Kokosblütenzucker wird aus dem Pflanzensaft der Kokospalme gewonnen und hat einen leicht karamellartigen Geschmack. Zum Verfeinern verschiedener Mehlspeisen, besonders bei den Cremes und Füllungen, eignet er sich gut. Ob man ihn zum Backen verwendet, ist eine Einstellungssache, inwieweit man Produkte aus entfernten Ländern verwenden möchte, und natürlich auch eine Frage des Preises.

Ahornsirup
Der Ahornbaum wird im Frühjahr angebohrt und der daraus gewonnene Saft zu Ahornsirup eingedickt. Zum Süßen von Füllungen eine feine Alternative. Ein Großteil des Ahornsirups wird aus Kanada importiert. Und natürlich ist das Produkt selbstverständlich auch nicht mehr, aber das braucht man wohl nicht extra zu erwähnen.

Goldsirup
Goldsirup ist eingedickter Saft von Zuckerrüben. Wir mögen den Geschmack persönlich gerne und verwenden Goldsirup auch zum Süßen von Cremes.

Geschmacklich haben alle Produkte, die wir hier aufzählen, etwas für sich, und wer Lust auf Abwechslung hat, der wird seine Freude daran haben, die Alternativen auszuprobieren. Wir jedenfalls lieben manchmal Kokosblütenzucker, Ahornsirup oder auch Agavendicksaft. Aber eben nur manchmal, denn wir würden diese Produkte, außer Honig, alleine schon wegen ihrer langen Transportwege nicht dauerhaft zum Backen verwenden.

ÖLE UND FETTE
Das Selberbacken gibt uns die Möglichkeit, hochwertige Öle und Fette auszuwählen. Wir verwenden für unsere Kuchen meist Sonnenblumenöl, weil es einen neutralen Geschmack und hervorragende Eigenschaften beim Backen hat. Auch Maiskeimöl eignet sich gut.

Da, wo in den Rezepten die Verwendung von Butter angegeben ist, kann selbstverständlich auch auf Margarine zurückgegriffen werden, wenn es den eigenen Bedürfnissen entspricht. Vegane Margarine ist meist auch als solche deklariert.

NO-GOS BEIM BACKEN ODER: WAS SIE BESSER VERMEIDEN SOLLTEN

Neue Kuchen ausprobieren, wenn sich Besuch ankündigt, man sowieso schon ein bisschen unter Zeitdruck steht, und sich erwarten, dass der Kuchen besonders flaumig wird, wenn schon das Rezept beim Durchlesen irgendwie unverständlich war – dann doch lieber den bewährten Klassiker backen, den man aus dem Effeff beherrscht.

❀

Rezepte aus dem Internet verwenden, bei denen sich die Kommentare folgendermaßen darstellen: „Ein wunderbares Rezept, liest sich gut, schönes Foto, danke dafür, volle Punktezahl. PS: Werde den Kuchen gleich nächste Woche ausprobieren."

❀

Mit einem alten, halbfunktionierenden Backrohr (der Kuchen ist vorne schon gebräunt, während er im hinteren Bereich noch voll vornehmer Blässe ist) arbeiten.

❀

Billige Zutaten kaufen, z.B. Eier von Hühnern aus Käfighaltung, die es leider noch einige Zeit lang gibt, bis die Übergangsfristen auslaufen.

❀

Kuchen nicht lange genug auskühlen lassen und die Creme (aus Schlagobers) auf den – fast – ausgekühlten Kuchen auftragen, die dann zerrinnt.

❀

Immer wieder in den Backofen reinschauen, ob der Kuchen schon fertig ist und ihn so daran hindern, dass er langsam und stetig aufgeht.

❀

Beim Backen nicht an den Besuch denken, den man mit dem herrlichen Kuchen erfreuen möchte, sondern daran, wie lästig es ist, das Geschirr abzuwaschen. Gute Bäcker verschwenden keinen Gedanken daran, wie viel Geschirr nachher zu spülen ist. Im Gegenteil, sie verwenden eine Fülle an Utensilien, und meist finden sie nachher sogar jemanden, der ihnen alles wegräumt ...

❀

Mit dem Kuchenbacken beginnen, ohne vorher zu checken, ob man alle Zutaten im Haus hat (kennen wir auch selbst zu gut ...).

❀

Beim ersten Backversuch aufgeben, wenn ein bewährtes, vielfach erprobtes Rezept nicht so gelingt, wie man es gerne hätte. Leute, die gut backen können, haben einen einfachen Trick. Sie probieren was Neues aus, und sollte es nicht gelingen, dann machen sie es gleich nochmals in leicht abgeänderter Form. Wir alle lernen durch Wiederholung und das meist sehr schnell.

❀

Die Freude verlieren: Nehmen Sie sich lieber Zeit zum Probieren und Schmökern und freuen Sie sich weiterhin auf das Backen, das so entspannend, kreativ und genussvoll sein kann!

Unsere Basisteige

EINFACH, SCHNELL UND VIELSEITIG VERWENDBAR

Manchmal hat man es einfach eilig und möchte in kurzer Zeit einen Blechkuchen zaubern. Mit unseren Rezepten für Basisteige hoffen wir, Ihnen das Backen zu erleichtern. Wir kombinieren die Basisteige mit den unterschiedlichsten Füllungen und Cremes, wie sie bei den einzelnen Rezepten, aber auch im Rezeptteil „Die süßen Verführer – Cremes und Füllungen“ (siehe Seite 23) beschrieben sind.

Biskuit: leicht gemacht

Backtemperatur: **180 °C** | Backzeit: **15 MIN**

ZUTATEN

6 Eier
150 g Zucker
175 g glattes Mehl
1/3 Pkg. Backpulver

ZUM VERFEINERN

2 EL Wasser, warm
Schale von 1/2 Zitrone, gerieben
1 Pkg. Vanillezucker

Variante I: Eier trennen. Eiklar zu steifem Schnee schlagen. Dotter mit Zucker, wenn gewünscht mit Vanillezucker und Zitronenschale flaumig aufschlagen. Will man einen sehr feinen Biskuitteig, 2 EL warmes Wasser dazurühren. Mehl mit Backpulver verrühren und sieben. Dann Eischnee unter die Dottermasse heben, Mehl ebenfalls unterheben.

Variante II: Eier trennen. Eiklar zu steifem Schnee schlagen, Zucker langsam einrühren, Dotter, Vanillezucker und Zitronenschale kurz unterrühren. Mehl mit Backpulver verrühren, sieben und unter die Eimasse heben.

Bei Variante II erspart man sich einen Arbeitsgang und der Biskuit hat eine sehr schöne gelbe Farbe.

So gelingt Biskuitteig:

- Glattes Mehl verwenden, der Biskuit wird dadurch flaumiger.
- Backpulver vorsichtig dosieren, nicht zu viel verwenden, da der Teig bei Verwendung von zu viel Backpulver beim Backen am Beginn zu stark aufgeht und dann in sich zusammenfällt.
- Benötigt man den Biskuitboden für eine Biskuitrolle, erhöht man die Backtemperatur auf 190 °C. Den Biskuitteig nach dem Fertigbacken auf ein befeuchtetes Geschirrtuch, das man mit Kristallzucker bestreut, stürzen, mit Marmelade bestreichen und einrollen, so bricht die Biskuitroulade nicht. Für Biskuitrouladen mit Füllung rollt man den Kuchenteig ebenfalls gleich nach dem Backen wie beschrieben ein und nach dem Auskühlen vorsichtig wieder aus.

Mürbteig: 1-2-3-fertig!

Backtemperatur: **175–180 °C** | Backzeit: **35–40 MIN**

ZUTATEN

300 g Mehl
1/2 Pkg. Backpulver
100 g Zucker
200 g Butter, kalt
1 Dotter

ZUM VERFEINERN

1 Pkg. Vanillezucker
Schale von 1/2 Zitrone, gerieben
1 Msp. Zimt

Variante I: Mehl mit Backpulver vermischen und sieben. Dann in eine große Schüssel oder auf die Arbeitsplatte geben, Zucker und nach Belieben Vanillezucker sowie Zitronenschale und Zimt unterrühren. Kalte Butter in kleine Stücke schneiden und mit Dotter zügig unterkneten.

Variante II: Mehl mit Backpulver vermischen und sieben, Mixermesser in die Rührschüssel der Küchenmaschine einsetzen, Mehl dazugeben, Zucker hinzufügen, nach Belieben Vanillezucker, Zitronenschale und Zimt beimengen und kurz verrühren. Kalte Butter in Stücke schneiden und mit dem Dotter nach und nach in die Küchenmaschine geben. Gerade so lange zusammenmixen, bis sich der Teig bindet. Ist der Teig zu weich und löst sich nicht vom Schüsselrand, gibt man vorsichtig die entsprechende Mehlmenge nach. Ist er zu bröselig noch etwas Butter dazugeben. Wir verwenden alternativ auch gerne eine geringe Menge Wasser zum Binden.

So gelingt Mürbteig:

- Für die Zubereitung eines sehr kompakten Mürbteiges verringert man die Menge des Backpulvers.
- Immer kalte Butter verwenden. Zu beachten ist, dass es unterschiedliche Buttersorten gibt, manche werden sehr schnell weich, sobald man sie aus dem Kühlschrank gibt, andere wieder bleiben länger fest.
- Alle Zutaten sehr rasch verkneten, damit der Teig nicht brüchig wird.
- Mürbteig einige Minuten vor der Weiterverarbeitung aus dem Kühlschrank nehmen, dadurch lässt er sich besser ausrollen.
- Mürbteig direkt auf dem Backpapier ausrollen.
- Sollte es dennoch einmal passieren, dass sich der Teig schwer ausrollen lässt und bricht, den Teig auf dem Backblech, das mit Backpapier belegt ist, gleichmäßig verteilen und festdrücken.

Öl-Mineralwasserteig

Backtemperatur: **175 °C** | Backzeit: **30 MIN**
Rezeptangabe für 1 Tasse zu 125 ml

ZUTATEN

5 Eier
2 Tassen Zucker
1 Tasse Sonnenblumenöl
4 Tassen Mehl
1 Pkg. Backpulver
ca. 1 Tasse prickelndes Mineralwasser

Eier trennen. Eiklar zu steifem Schnee schlagen. Dotter mit Zucker und Öl schaumig aufschlagen. Dottermasse mit dem Eischnee vermengen, Mehl mit Backpulver vermischen und sieben, dann unter die Masse heben. Am Schluss so viel Mineralwasser dazugeben, dass ein geschmeidiger Teig entsteht, der sich gut aufstreichen lässt. **/** Backblech mit Backpapier belegen und die Masse aufstreichen und bei 175 °C 30 Minuten backen.

Dieser Öl-Mineralwasserteig ist ruck, zuck gemacht, hat eine locker-flaumige Konsistenz, und man kann ihn nach dem Backen einfach mit Staubzucker bestreuen oder mit einer beliebigen Creme von den Seiten 24 und 25 bestreichen. Als Basisteig lässt sich dieser Teig außerdem gut einfrieren und bei Zimmertemperatur auftauen.

Schokoladekuchenteig

Backtemperatur: **170 °C** | Backzeit: **35 MIN**

ZUTATEN

5 Eier
120 g Kochschokolade
140 g Butter
140 g Zucker
140 g Mehl
1 Msp. Backpulver
1 TL Kakaopulver

Eier trennen. Eiklar zu steifem Schnee schlagen, Schokolade im Wasserbad schmelzen. Schokolade, in Stücke geschnittene Butter, Dotter und Zucker flaumig aufschlagen. Mehl mit Backpulver und Kakaopulver verrühren und sieben. Zuerst den Eischnee und danach die Mehlmischung unter die Masse heben. Backblech mit Backpapier belegen und den Teig aufstreichen. Im vorgeheizten Backrohr bei 170 °C 35 Minuten backen.

Marille 2015

Die süßen Verführer

CREMES, FÜLLUNGEN UND GLASUREN

Sie haben einen einfachen Schokoladekuchen vom Blech gebacken, möchten aus einem luftig-lockeren Biskuitboden einen Festtagskuchen machen oder dem Kuchenboden aus feiner Ölmasse noch das gewisse Etwas verpassen? Wir peppen diese Kuchenböden ganz einfach mit Cremes und Füllungen auf. Schon mit wenig Aufwand lassen sich herrliche Butter- oder Schokoladecremes zubereiten, und aus einem unscheinbaren Blechkuchen entsteht ein süßes Kuchenstück, das sich sehen lassen kann!

Buttercreme

Wir sind von dieser flaumigen Buttercreme begeistert. Zu beachten ist dabei nur, dass der Pudding und die Butter beim Zusammenrühren ungefähr die gleiche Temperatur haben sollten.

ZUTATEN
450 ml Milch
1 Pkg. Vanillepuddingpulver
Zucker nach Belieben
250 g Butter, zimmerwarm

Aus Milch, Puddingpulver und der Hälfte des Zuckers einen Pudding bereiten, während des Abkühlens einige Male umrühren, der Pudding sollte Zimmertemperatur haben. Dann Butter in Stücke schneiden und mit dem restlichen Zucker flaumig aufschlagen, Pudding nach und nach unterrühren.

Frischkäsecreme

ZUTATEN
250 ml Schlagobers
500 g Frischkäse
100 g Staubzucker

Schlagobers steif schlagen, Frischkäse und gesiebten Staubzucker flaumig rühren und das Schlagobers unterheben.

Schlagobers-Puddingcreme

Die nachstehende Creme ist nicht so kalorienreich wie die Buttercreme, hat aber auch eine flaumige Konsistenz. Der Nachteil ist, dass die Creme am zweiten Tag etwas in sich zusammensinken kann, also eher dann verwenden, wenn der Kuchen am selben Tag genossen wird.

ZUTATEN
450 ml Milch
1 Pkg. Vanillepuddingpulver
Zucker nach Belieben
500 ml Schlagobers
1 Pkg. Sahnesteif

Aus Milch, Puddingpulver und Zucker einen Pudding bereiten, während des Auskühlens immer wieder rühren. Pudding sollte sehr gut ausgekühlt sein. Schlagobers mit Sahnesteif aufschlagen und mit dem Pudding vorsichtig verrühren.

Schokoladecreme

ZUTATEN
500 ml Schlagobers
200 g Milchschokolade

Schlagobers aufkochen, vom Herd nehmen und die Schokolade in kleinen Stücken dazugeben und unter Rühren auflösen. Schokolade-Schlagobers-Mischung in den Kühlschrank geben und gut auskühlen lassen. Dann mit dem Mixer flaumig aufschlagen.

Nussbuttercreme

ZUTATEN

450 ml Milch
1 Pkg. Vanillepuddingpulver
70 g Zucker
120 g dunkle Kuvertüre
60 g Kokosöl
500 g Butter, zimmerwarm
120 g Nussnougat

Aus Milch, Puddingpulver und Zucker einen Pudding bereiten, Kuvertüre und Kokosöl im noch heißen Pudding unter Rühren auflösen, auskühlen lassen. Butter und Nussnougat in Stücke schneiden und mixen, dann die Nussbutter in den Pudding einrühren.

Nutellacreme

ZUTATEN

500 ml Schlagobers
2 Pkg. Sahnesteif
3 EL Nutella, zimmerwarm

Schlagobers mit Sahnesteif aufschlagen, Nutella vorsichtig einrühren.

Schokoladeglasur

ZUTATEN

300 g Zartbitterkuvertüre
2 TL Butter

Kuvertüre und Butter im Wasserbad unter Rühren schmelzen, etwas überkühlen und auf dem Kuchen verteilen. Gibt man Butter zur Kuvertüre, dann lässt sich die Glasur gut schneiden und bricht nicht.

Topfencreme

ZUTATEN

750 g Topfen, 20 % Fett
200 g Joghurt, stichfest, 3,6 % Fett
100 g Staubzucker
200 ml Schlagobers

Topfen mit Joghurt und gesiebtem Staubzucker kurz abrühren, Schlagobers steif aufschlagen und unter die Topfenmasse heben.

Staubzuckerglasur

ZUTATEN

300 g Staubzucker
1 Eiklar

Gesiebten Staubzucker mit Eiklar verrühren und die Glasur mit einer Palette auf dem Kuchen aufstreichen.

Fruchtiges vom Blech

Wer wünscht sich nicht sonnengereifte Früchte, wenn er einen flaumigen Blechkuchen bäckt und diesen mit aromatischen Marillen oder Erdbeeren belegen möchte? Für den Reifegrad von Früchten gibt es nur ein wirkliches Kriterium – das Aroma. Reife Früchte duften intensiv, und wenn man sich darauf schult, das Aroma zu riechen, wird einem das immer besser gelingen. Wir verwenden lieber Früchte, die etwas zu reif sind als solche, die zwar schön anzusehen, aber unreif, hart und geschmacklos sind.

Es gibt nichts Schöneres, als die Früchte selbst zu ernten, auf einem Wochenmarkt, bei einem nahen Bauern oder bei einem Nachbarn zu kaufen.

Wir haben eine Fülle an Rezepten zusammengestellt, Kuchen, die wir selbst sehr gerne backen und die wir – je nachdem, wann gerade Erntezeit ist – gerne genießen.

Kirschkuchen

ZUTATEN

6 Eier
250 g Butter
250 g Zucker
350 g glattes Mehl
1/2 Pkg. Backpulver
1000 g Kirschen, entkernt
(frisch oder aus dem Glas)

Backtemperatur: **175 °C**
Backzeit: **35 MIN**

Eier trennen, Eiklar zu steifem Schnee schlagen. Butter, Dotter und Zucker flaumig rühren, 1/3 des Eischnees unter die Dottermasse heben, Mehl mit Backpulver vermengen und sieben, dann ebenfalls unter die Masse heben. Restlichen Eischnee unterheben. Backblech mit Backpapier belegen und die Masse aufstreichen, gewaschene Kirschen darauf verteilen. Im vorgeheizten Backrohr bei 175 °C 35 Minuten backen.

ERNTEZEIT
Mai bis Juli

ERNTEZEIT
Juli bis Oktober

Zwetschkenfleck

ZUTATEN

250 g glattes Mehl
250 g Butter
250 g Topfen, 20 %
1 Prise Salz

ZUM BELEGEN

1000 g Zwetschken
Zimt und Zucker nach Geschmack

Backtemperatur: **180 °C**
Backzeit: **30 MIN**

Mehl mit Butter, Topfen und einer Prise Salz verkneten, Teig in Alufolie einpacken und eine halbe Stunde kühl stellen. Inzwischen Zwetschken halbieren und entsteinen, dann vierteln. Zwetschken mit Zimt und Zucker nach Geschmack marinieren. Backblech mit Backpapier belegen, den Teig ausrollen und auf das Blech legen. Zwetschken auf dem Teig eng aneinander liegend verteilen. Im vorgeheizten Backrohr bei 180 °C ca. 30 Minuten backen.

ERNTEZEIT
August bis Oktober

Birnen-Mohn-Kuchen

ZUTATEN

3 Birnen
5 Eier
250 g Butter, zimmerwarm
250 g Zucker
150 g Mehl
1 Msp. Backpulver
150 g Kokosflocken
100 g Mohn
ca. 100 ml Wasser

Backtemperatur: **175 °C**
Backzeit: **30 MIN**

Birnen schälen, vierteln, entkernen und blättrig schneiden, die Birnenstücke nicht ganz durchschneiden, sodass man sie fächerförmig auflegen kann. / Eier trennen, Eiklar zu steifem Schnee schlagen. Butter in Stücke schneiden und mit Zucker und Dotter flaumig rühren. Mehl mit Backpulver vermischen und sieben, Kokosflocken und Mohn unter das Mehl rühren. Eischnee unter die Dottermasse heben, Mehlmischung ebenfalls unterheben, so viel Wasser dazugeben, bis ein geschmeidiger, streichfähiger Teig entsteht. / Backblech mit Backpapier belegen, den Teig aufstreichen und die Birnen fächerförmig auflegen. Im vorgeheizten Backrohr bei 175 °C 30 Minuten backen.

Backtemperatur und Backzeit kann bei den unterschiedlichen Backrohren variieren, vor allem, wenn sie schon etwas älter sind. Wir schreiben uns die Backzeiten unseres Ofens einfach bei jedem Rezept dazu und vertrauen ein wenig unserer Nase. Wenn der Kuchen intensiv duftet, ist das Ende der Backzeit erreicht.

Marillenkuchen

ZUTATEN

1000 g Marillen
300 g Butter, zimmerwarm
300 g Zucker
5 Eier
300 g Mehl, universal
1/2 Pkg. Backpulver
Zimt
1 Pkg. Vanillezucker

Backtemperatur: **175 °C**
Backzeit: **40 MIN**

Marillen halbieren und entkernen. Butter mit Zucker flaumig rühren, nach und nach die Eier einrühren. Mehl mit Backpulver, Zimt und Vanillezucker vermischen, dann sieben. Das Mehl in die Masse einrühren. Backblech mit Backpapier belegen und den Teig aufstreichen. Dann die Marillen mit der Schnittfläche nach unten auf dem Teig verteilen. Im vorgeheizten Backrohr bei 175 °C 40 Minuten backen.

Wir bevorzugen es, den Marillenkuchen so zuzubereiten, dass die Schnittflächen der Marillen nach unten auf dem Teig liegen. In vielen Gegenden wird der Marillenkuchen mit den Schnittflächen nach oben gebacken – einfach selbst ausprobieren, was einem besser schmeckt.

ERNTEZEIT
Juli bis August

Rhabarberkuchen

ZUTATEN

1000 g Rhabarber
250 g Butter, zimmerwarm
250 g Zucker
1 Pkg. Vanillezucker
4 Eier
250 g Mehl
70 g Speisestärke
1/2 Pkg. Backpulver

FÜR DEN EISCHNEE

6 Eiklar
240 g Zucker

Backtemperatur: **180 °C | 150 °C**
Backzeit: **30 MIN |** Für den Eischnee: **10–15 MIN**

Rhabarber schälen und in Stücke schneiden. / Butter in Stücke schneiden und mit Zucker und Vanillezucker flaumig rühren. / Eier nach und nach einzeln dazugeben und weiterrühren. Mehl mit Speisestärke und Backpulver vermischen, sieben und unter die Masse rühren. Backblech mit Backpapier belegen und den Teig aufstreichen. Rhabarberstücke darüber verteilen. Im vorgeheizten Backrohr bei 180 °C 30 Minuten backen. / Inzwischen Eiklar zu steifem Schnee schlagen, Zucker nach und nach einarbeiten und auf den Rhabarberkuchen aufstreichen, bei 150 °C circa 10–15 Minuten backen, der Eischnee sollte leicht gebräunt sein.

ERNTEZEIT
Mai bis Juni

Mandarinenkuchen

ZUTATEN

4 Eier
200 g Zucker
125 ml neutrales Öl
250 g glattes Mehl
1/2 Pkg. Backpulver
125 ml Mineralwasser

FÜR DIE CREME

3 kleine Dosen Mandarinen
500 ml Schlagobers
2 Pkg. Sahnesteif
250 g Crème fraîche
250 g Sauerrahm
2 EL Zucker

FÜR DIE DEKO

2 kleine Dosen Mandarinen

Backtemperatur: **190 °C**
Backzeit: **30 MIN**

Eier mit Zucker schaumig rühren, Öl langsam einrühren und flaumig aufschlagen. Backpulver zum Mehl geben und sieben, dann unter die Eimasse heben. Am Schluss so viel Mineralwasser einrühren, dass ein geschmeidiger Teig entsteht, der sich gut aufstreichen lässt. Backblech mit Backpapier belegen und die Masse aufstreichen. Bei 190 °C 30 Minuten backen. Den Kuchenboden auskühlen lassen. / Mandarinen gut abtropfen lassen. Schlagobers mit Sahnesteif aufschlagen. Crème fraîche, Sauerrahm und Zucker verrühren, Schlagobers unterheben. Creme mit den Mandarinen vermischen. Creme auf den Kuchenboden aufstreichen. / Die restlichen 2 Dosen Mandarinen ebenfalls gut abtropfen lassen und Mandarinenspalten auf der Creme verteilen.

ERNTEZEIT
Juni bis August

Ribiselkuchen

ZUTATEN

6 Eier
240 Butter, zimmerwarm
240 Zucker
240 g Mehl, universal
1/2 Pkg. Backpulver

ZUM BELEGEN

600 g Ribisel

FÜR DEN EISCHNEE

6 Eiklar
240 g Zucker

Backtemperatur: **180 °C | 150 °C**
Backzeit: **15 MIN + 10–15 MIN**

Eier trennen, Eiklar zu steifem Schnee schlagen. Butter in Stücke schneiden und mit Zucker flaumig rühren, nach und nach die Dotter dazugeben. Mehl mit Backpulver verrühren und sieben. Eischnee unter die Dottermasse heben und das Mehl ebenfalls einarbeiten. Backblech mit Backpapier belegen und Teig aufstreichen. Die Ribisel darauf verteilen. Bei 180 °C 15 Minuten im vorgeheizten Rohr backen. / Inzwischen Eiklar zu steifem Schnee schlagen, Zucker am Ende des Schlagens langsam einrieseln lassen, weiterschlagen. Backrohr auf 150 °C zurückschalten und den Eischnee auf dem Kuchen verteilen. Fertig backen, bis der Eischnee schön gebräunt ist, ca. 10–15 Minuten.

Die Dotter kann man einfrieren und zu einem späteren Zeitpunkt gut verwenden.

Zitronenkuchen

ZUTATEN

200 g Butter, zimmerwarm
200 g Zucker
Saft von 1 Zitrone
5 Eier
270 g Mehl
130 g Stärkemehl
1 Pkg. Backpulver

FÜR DIE GLASUR

250 g Staubzucker, gesiebt
Saft von 1 Zitrone
bei Bedarf einige Tropfen Wasser
(je nach Größe und Ergiebigkeit der Zitrone)

FÜR DIE DEKO

125 ml Schlagobers
kleine Zitronenstückchen

Backtemperatur: **180 °C**
Backzeit: **30 MIN**

Butter in Stücke schneiden und mit Zucker und Zitronensaft flaumig aufschlagen, nach und nach die Eier dazugeben und weiterschlagen. Mehl mit Stärkemehl und Backpulver verrühren und sieben. Das Mehl vorsichtig unter die Masse heben. Backblech mit Backpapier belegen und die Masse aufstreichen. Kuchen bei 180 °C für 30 Minuten backen. Den Kuchen etwas auskühlen lassen. / Gesiebten Staubzucker mit Zitronensaft und so viel Wasser verrühren, dass eine zähflüssige Masse entsteht. Auf dem Kuchen verteilen. Auskühlen lassen. Dann Schlagobers steif schlagen, mit dem Dressiersack Rosetten auf den Kuchen dressieren und mit Zitronenstückchen belegen.

Die Sandmasse wird besonders fein und flaumig, wenn man die Eier einzeln dazugibt und dazwischen immer wieder kurz abrührt.

ERNTEZEIT
August bis Oktober

Crème fraîche-Apfel-Kuchen

ZUTATEN

300 g glattes Mehl
1/2 Pkg. Backpulver
80 ml Milch
120 ml Öl
150 g Topfen, 20 % Fett
80 g Zucker

ZUM BELEGEN

1500 g Äpfel der Saison
Zimt, Zucker und Vanillezucker
(nach Geschmack)

FÜR DEN GUSS

3 Eier
40 g Zucker
175 g Crème fraîche

Staubzucker zum Bestreuen

Backtemperatur: **175 °C | 180 °C**
Backzeit: **20 MIN + 20 MIN**

Mehl mit Backpulver vermischen und sieben. Milch und Öl verquirlen und mit Topfen und Zucker unter das Mehl kneten. Backblech mit Backpapier belegen, Teig ausrollen und auf das Backpapier legen. Im vorgeheizten Backrohr bei 175 °C 20 Minuten backen. / Inzwischen Äpfel schälen, entkernen und hobeln, mit Zimt, Zucker und Vanillezucker marinieren. / Für den Guss Eier trennen, Eiklar zu steifem Schnee schlagen, Dotter mit Zucker und Crème fraîche abrühren. / Kuchen aus dem Backrohr nehmen, Äpfel auf dem Teig verteilen und den Guss darüberstreichen. Nochmals ins Backrohr schieben und bei 180 °C 20 Minuten backen. Mit Staubzucker bestreuen.

Erdbeerschnitten

ZUTATEN

125 ml Sonnenblumenöl
150 ml Mineralwasser
200 g Zucker
4 Eier
300 g glattes Mehl
1/2 Pkg. Backpulver

FÜR DIE CREME

500 ml Schlagobers
175 g Staubzucker
125 ml Sauerrahm
6 Blatt Gelatine

ZUM BELEGEN

300–500 g frische Erdbeeren
(je nachdem, ob man die Erdbeeren konisch schneidet oder nebeneinander auf den Kuchen legt)

evtl. 2 Pkg. Tortengelee
5 EL Zucker

Backtemperatur: **175 °C**
Backzeit: **20 MIN**

Öl, Mineralwasser und Zucker schaumig rühren, Eier nach und nach einrühren. Dann das Mehl mit Backpulver vermischen, sieben und in den Teig einarbeiten. Masse auf ein mit Backpapier belegtes Blech streichen und im vorgeheizten Backrohr bei 175 °C 20 Minuten backen und anschließend auskühlen lassen. / Schlagobers steif schlagen, Staubzucker sieben und mit dem Sauerrahm verrühren, dann Schlagobers untermengen. Gelatine in kaltem Wasser einweichen, ausdrücken, mit etwas Schlagobers-Sauerrahm-Creme verrühren und anschließend zur restlichen Creme geben. Creme auf den Kuchen streichen, für 2–3 Stunden kühl stellen. Frische Erdbeeren konisch schneiden und auf die Creme setzen.

ERNTEZEIT
Mai bis Juli

Für einen traditionellen Erdbeerkuchen Erdbeeren halbieren und auf den Kuchen geben, 2 Pkg. Tortengelee mit Zucker und 1/2 l Wasser verrühren, eine Minute schwach aufkochen. 5–10 Minuten überkühlen lassen und immer wieder umrühren. Tortengelee über den Erdbeeren verteilen und auskühlen lassen.

Am besten das Tortengelee mit einem Rührlöffel zubereiten. Verwendet man einen Schneebesen, wird das Gelee nicht so klar.

Himbeerschnitten

ZUTATEN

4 Eier
125 ml Sonnenblumenöl
150 ml Mineralwasser
200 g Zucker
300 g griffiges Mehl
1/2 Pkg. Backpulver

ZUM BESTREICHEN

100 g Himbeermarmelade

FÜR DEN BELAG

6 Blatt Gelatine
500 g Himbeeren
50 g Zucker (nach Geschmack und je nach Süße der Früchte)

FÜR DIE CREME

500 ml Schlagobers
175 g Staubzucker
125 ml Sauerrahm
6 Blatt Gelatine

500 g frische Himbeeren

Backtemperatur: **175 °C**
Backzeit: **20 MIN**

Eier, Öl, Mineralwasser und Zucker schaumig rühren, Mehl mit Backpulver vermischen, sieben und dazurühren. Masse auf ein mit einem Backrahmen und mit Backpapier belegtes Blech streichen und im vorgeheizten Backrohr 20 Minuten backen. Kuchenboden im Backrahmen gut auskühlen lassen. / Himbeermarmelade unter Rühren erwärmen und auf den Kuchenboden streichen. / Für den Belag die Gelatine in kaltem Wasser einweichen, Himbeeren aufkochen und Zucker einrühren. Gelatine ausdrücken und unter die Himbeeren rühren. Himbeeren über dem Kuchen verteilen. Belag gut auskühlen lassen. / Für die Creme das Schlagobers steif schlagen, Staubzucker sieben und mit dem Sauerrahm verrühren. Gelatine in kaltem Wasser einweichen, dann ausdrücken, erwärmen und mit etwas Schlagobers verrühren. Anschließend unter das restliche Schlagobers heben. Die Creme auf den Kuchen streichen, für 2–3 Stunden kühl stellen. Zum Schluss frische Himbeeren auf den Kuchen setzen.

ERNTEZEIT
Juli bis August

Klassiker vom Blech

Was geht Ihnen bei dem Wort „Klassiker“ durch den Kopf, wenn Sie dieses im Zusammenhang mit Blechkuchen und Backen hören? Wir denken dann an die Kuchen, die sich bewährt haben. Den Kuchen, auf den wir uns freuen, wenn wir unsere Mutter besuchen, weil sie diesen schon seit vielen Jahren genau gleich köstlich bäckt. Ein schöner Nachmittag in der Sonne, der durch diesen Kuchen, so wie wir ihn kennen, etwas Besonderes wird. Wir sind sicher, dass auch Sie so einen Kuchen haben. Das ist für uns ein Klassiker, den wir immer wieder gerne backen und der unserer Familie ein Lächeln ins Gesicht zaubert.

Biskuitroulade

ZUTATEN

9 Eier
220 g Zucker
2 EL Wasser, warm
Schale von 1/2 Zitrone, gerieben
250 g Mehl
1/2 Pkg. Backpulver

ZUM BESTREICHEN

Marillenmarmelade

Backtemperatur: **190 °C**
Backzeit: **15 MIN**

Eier trennen und Eiklar zu steifem Schnee schlagen. Dotter mit Zucker, Wasser und geriebener Zitronenschale schaumig aufschlagen. Mehl mit Backpulver verrühren und sieben. Eischnee unter die Dottermasse heben und das Mehl ebenfalls vorsichtig unterheben. Blech mit Backpapier belegen, die Masse aufstreichen und den Teig bei 190 °C für 15 Minuten goldbraun backen. / Ein Geschirrtuch befeuchten und mit Kristallzucker bestreuen, den Biskuit auf das Geschirrtuch stürzen und mit verrührter Marillenmarmelade bestreichen, dann einrollen.

Will man die Biskuitroulade mit Topfencreme oder Schokocreme füllen, den Biskuitboden ebenfalls sofort einrollen und auskühlen lassen. Danach mit der gewünschten Creme füllen.

Linzer Kuchen

ZUTATEN

250 g griffiges Mehl
1/2 Pkg. Backpulver
200 g Haselnüsse, gerieben
160 g Staubzucker
1 Prise Zimt
250 g Butter
3 Dotter
100 g Ribisel- oder
Preiselbeermarmelade

Staubzucker zum Bestreuen

Backtemperatur: **175 °C**
Backzeit: **25 MIN**

Mehl mit Backpulver verrühren und sieben, dann Haselnüsse, Staubzucker und Zimt dazugeben. Butter in kleine Stücke schneiden und mit der Mehlmischung verkneten, nach und nach Dotter einkneten. 2/3 des Teiges auf einem Backpapier ausrollen, anschließend auf ein Blech legen. Marmelade abrühren und auf den Teig streichen. Das restliche Teigdrittel auf 20 × 40 cm ausrollen und in Streifen von 1 cm Kantenlänge ausradeln. Die Streifen gitterförmig und an den Rändern über dem Teig verteilen. Im vorgeheizten Backrohr für 25 Minuten bei 175 °C backen. Mit gesiebtem Staubzucker bestreuen.

Schwarzwälder Kirsch-Schnitten

ZUTATEN

6 Eier
220 g Zucker
125 ml Öl
125 ml prickelndes Mineralwasser
280 g glattes Mehl
50 g Kakaopulver
1/2 Pkg. Backpulver

FÜR DIE FÜLLE UND ZUM BESTREICHEN BZW. BESTREUEN

1 Glas Kirschen (700 g)
500 ml Schlagobers
Schokoflocken nach Belieben

Backtemperatur: **180 °C**
Backzeit: **25 MIN**

Eier trennen und Eiklar zu steifem Schnee schlagen. Dotter mit Zucker, Öl und Mineralwasser schaumig aufschlagen. Dottermasse mit dem Eischnee vermengen, Mehl mit Kakao und Backpulver vermischen, dann sieben. Mehlmischung unter die Masse heben. Backblech mit Backpapier belegen und den Teig aufstreichen. Bei 180 °C 25 Minuten backen. / Nach dem Auskühlen den Kuchenboden halbieren und mit gut abgetropften Kirschen belegen, einige Kirschen für die Deko zurückbehalten. Schlagobers steif aufschlagen und die Hälfte auf den mit Kirschen belegten Boden verteilen, den zweiten Kuchenboden darauflegen. Schlagobers aufstreichen, etwas für die Verzierung zurückbehalten. Den Kuchen mit Schokoflocken bestreuen und mit dem Dressiersack (Sterntülle) Rosetten aus Schlagobers dressieren, Kirschen daraufsetzen.

Wenn die Glasur springt, sofort mit einer Palette, die man in heißes Wasser taucht, darüberstreichen, dann verbindet sich die Glasur wieder. Wir lieben diese Glasur, die zugegebenermaßen etwas aufwändiger in der Herstellung ist.

Sacherschnitten

ZUTATEN

5 Eier
120 g Kochschokolade
140 g Butter
140 g Zucker
140 g glattes Mehl
1 Msp. Backpulver
1 TL Kakaopulver

Marillenmarmelade zum Bestreichen

FÜR DIE GLASUR

1 TL Butter
120 g Kochschokolade
100 ml Wasser
100 g Zucker

Backtemperatur: **170 °C**
Backzeit: **35 MIN**

Eier trennen. Eiklar zu steifem Schnee schlagen, Schokolade im Wasserbad schmelzen. Schokolade, in Stücke geschnittene Butter, Dotter und Zucker flaumig aufschlagen. Mehl mit Backpulver und Kakaopulver verrühren, sieben und zuerst den Eischnee und danach die Mehlmischung unter die Masse heben. Backblech mit Backpapier belegen und den Teig aufstreichen. Im vorgeheizten Backrohr bei 170 °C 35 Minuten backen. / Den Kuchenboden auskühlen lassen und dann in zwei Teile schneiden. Marillenmarmelade abrühren und einen Kuchenboden damit bestreichen, den zweiten Kuchenboden daraufsetzen und ebenfalls mit Marillenmarmelade bestreichen. / Für die Glasur Butter zerlassen und Kochschokolade bei kleiner Flamme schmelzen. Inzwischen in einem zweiten Topf Wasser und Zucker verrühren, unter mehrmaligem Rühren bis zum Faden aufkochen – man nimmt zur Probe mit einem Löffel etwas Zuckerlösung ab, zerreibt diese zwischen Daumen und Zeigefinger, zieht die Finger etwas auseinander, dabei muss sich ein Faden bilden. Die Zuckerlösung mit einem Kochlöffel unter die erwärmte, geschmolzene Schokolade rühren und die Glasur gleich über dem Kuchen verteilen.

Käsesahneschnitten

ZUTATEN

12 Eier
320 g Zucker
4 EL Wasser, warm
300 g glattes Mehl
1/2 Pkg. Backpulver

FÜR DIE FÜLLE

500 ml Milch
1 Pkg. Vanillepuddingpulver
70 g Zucker
500 g Topfen, 20 % Fett
250 ml Schlagobers
6 Blatt Gelatine

Marillenmarmelade zum Bestreichen
Staubzucker zum Bestreuen

Backtemperatur: **190 °C HEISSLUFT**
Backzeit: **15 MIN**

Eier trennen. Eiklar zu steifem Schnee schlagen, Dotter und Zucker mit Wasser schaumig aufschlagen, Eischnee unter die Dottermischung heben. Mehl mit Backpulver vermischen und sieben und unter die Masse heben. / 2 Backbleche mit Backpapier belegen und jeweils die Hälfte der Masse aufstreichen. Im vorgeheizten Backrohr bei 190 °C 15 Minuten backen. Gut auskühlen lassen. / Für die Fülle aus Milch, Vanillepuddingpulver und Zucker einen Pudding bereiten, unter Rühren auskühlen lassen. Topfen abrühren und in den Pudding einrühren. Schlagobers steif aufschlagen, Gelatine in kaltem Wasser einweichen und ausdrücken, ausgedrückte Gelatine mit etwas Schlagobers verrühren und dann zum restlichen Schlagobers rühren. Anschließend mit der Pudding-Topfencreme zusammenmischen. / Kuchenboden mit verrührter Marillenmarmelade bestreichen, Fülle auf den Kuchenboden aufstreichen und den zweiten Kuchenboden daraufsetzen. Den Kuchen ca. 3 Stunden kühl stellen und mit gesiebtem Staubzucker bestreuen.

Den Kuchenboden, den man auf die Creme draufsetzt, schon vorher mit dem Messer in passende Stücke anschneiden, dann tritt beim Schneiden der Kuchenstücke die Creme nicht aus.

Man kann den Mürbteig auch direkt auf dem Backpapier ausrollen und dann erst auf das Backblech legen oder, falls der Teig etwas brüchig ist, den Teig auf das mit Backpapier belegte Blech drücken. Das funktioniert bei Mürbteigen, die mit Früchten belegt werden, gut, da die Früchte noch Feuchtigkeit in den Teig abgeben und er dadurch gut bindet.

Apfelkuchen mit Streusel

ZUTATEN

400 g glattes Mehl
1 Pkg. Backpulver
130 g Zucker
280 g Butter, kalt
1 Dotter

ZUM BELEGEN

800 g Äpfel der Saison
Zucker nach Geschmack (je nach Süße der Äpfel)
1 Msp. Zimt
1 Pkg. Vanillezucker

FÜR DEN STREUSEL

200 g Mehl
1/2 Pkg. Backpulver
80 g Zucker
100 g Butter

Backtemperatur: **175 °C**
Backzeit: **40 MIN**

Mehl mit Backpulver vermischen und sieben, Zucker dazurühren. Butter in Stücke schneiden und mit Dotter unter das Mehl kneten. Teig in Frischhaltefolie hüllen und für eine halbe Stunde in den Kühlschrank stellen. / Äpfel vierteln, entkernen, dann hobeln, mit Zucker, Zimt und Vanillezucker marinieren. Backblech mit Backpapier belegen, Teig ausrollen und mit den marinierten, gehobelten Äpfeln belegen. / Für den Streusel Mehl sieben und mit Backpulver vermischen, Zucker dazugeben. Die Butter in Stücke schneiden und unterkneten, bis ein böseliger Teig entsteht. Streuselteig über dem Kuchen verteilen. Im vorgeheizten Backrohr bei 175 °C 40 Minuten backen.

Topfen immer nur kurz abrühren, da er so schön flaumig bleibt.

Himbeer-Mohn-Schnitten

ZUTATEN

8 Eier
200 g Butter
180 g Zucker
300 g Mohn, gemahlen
140 g Haselnüsse, gerieben

FÜR DIE CREME

500 g Topfen, 20 % Fett
100 g Staubzucker
1 Pkg. Vanillezucker
250 ml Schlagobers
5 Blatt Gelatine

FÜR DEN BELAG

6 Blatt Gelatine
600 g Himbeeren (man kann auch tiefgekühlte Himbeeren verwenden)
4 TL Staubzucker

Backtemperatur: **170 °C**
Backzeit: **35 MIN**

Eier trennen und Eiklar zu steifem Schnee schlagen. Dotter, Butter und Zucker flaumig rühren, Mohn und Haselnüsse unterheben. Backblech mit Backpapier belegen und die Masse aufstreichen. Im vorgeheizten Backrohr bei 170 °C für 35 Minuten backen. Den Kuchenboden auskühlen lassen. / Für die Creme Topfen mit gesiebtem Staubzucker und Vanillezucker glatt abrühren, Schlagobers steif aufschlagen. Gelatine in kaltem Wasser einweichen, quellen lassen, ausdrücken und mit etwas Schlagobers verrühren, dann unter das restliche Schlagobers rühren. Schlagobers unter die Topfenmasse heben und die Creme auf dem Kuchenboden aufstreichen. / Für den Belag Gelatine in kaltem Wasser einweichen und quellen lassen, inzwischen Himbeeren pürieren und mit gesiebtem Staubzucker verrühren, etwas erwärmen, die ausgedrückte Gelatine unter etwas Himbeerpüree rühren und mit dem restlichen Himbeerpüree vermengen. Überkühlten Belag auf der Topfencreme verteilen.

Malakoffschnitten

ZUTATEN

8 Eier
200 g Staubzucker
1 Pkg. Vanillezucker
200 g Walnüsse, gerieben
90 g Semmelbrösel
1 Msp. Backpulver

FÜR DEN LÄUTERZUCKER

100 g Zucker
100 ml Wasser
etwas Rum mit 1 Tasse Kaffee verrührt

FÜR DIE CREME UND DIE DEKO

500 ml Schlagobers
1 Pkg. Sahnesteif
1 Pkg. Biskotten
100 g Schokospäne
100 g Kochschokolade

Backtemperatur: **190 °C**
Backzeit: **35 MIN**

Eier trennen. Eiklar zu steifem Schnee schlagen, Dotter mit Staubzucker und Vanillezucker schaumig aufschlagen. Walnüsse mit Semmelbröseln und Backpulver verrühren. Eischnee unter die Dottermischung heben und Walnussmischung ebenfalls unterheben. Backblech mit Backpapier belegen und die Masse aufstreichen. Im vorgeheizten Backrohr bei 190 °C 35 Minuten backen, anschließend den Kuchenboden auskühlen lassen. / Für den Läuterzucker Zucker mit Wasser verrühren und unter Rühren aufkochen lassen, bis sich der Zucker aufgelöst hat, dann Kaffee und Rum einrühren, etwas auskühlen lassen. / Für die Creme Schlagobers mit Sahnesteif aufschlagen. Zehn Biskotten sowie etwas Schlagobers für die Verzierung zurückbehalten. Eine Schicht Creme auf den Kuchenboden aufstreichen, die Hälfte der Biskotten, die man durch die Kaffeemischung zieht, darauf verteilen und nochmals eine Schicht Creme auftragen. Die restlichen Biskotten durch die Kaffeemischung ziehen und auf der Creme verteilen, übrige Creme aufstreichen. Mit Schokospänen bestreuen. / Für die Deko Biskotten halbieren und Kochschokolade erwärmen, die runden Enden der Biskotten durch die Schokolade ziehen, auf Backpapier auskühlen lassen. Schlagobers in einen Dressiersack mit Sterntülle füllen, Kuchen mit Schlagobers und Biskotten verzieren.

Schokolade während des Backens erwärmen und Biskotten darin zur Hälfte tunken, dann haben sie gut Zeit zum Trocknen.

Durch die Verwendung von Läuterzucker bekommen die Biskotten eine angenehme Konsistenz.

Bienenstich

ZUTATEN

FÜR DEN BELAG

120 g Butter
3 EL Honig
150 g Zucker
250 g Mandelblättchen

FÜR DEN TEIG

250 g Butter, zimmerwarm
240 g Zucker
6 Eier
260 g Mehl
140 g Stärkemehl
1 Pkg. Backpulver

FÜR DIE FÜLLE

500 ml Milch
1 Pkg. Vanillepuddingpulver
Zucker nach Belieben
250 g Butter, zimmerwarm

Backtemperatur: **175 °C**
Backzeit: **20 MIN + 10 MIN**

Für den Belag Butter und Honig zerlassen, Zucker und Mandelblättchen einrühren und kurz aufkochen. Durchziehen lassen. / Für den Teig Butter in Stücke schneiden und mit Zucker flaumig rühren. Eier nach und nach dazugeben. Mehl mit Stärkemehl sowie Backpulver verrühren, sieben und Mehlmischung unter die Masse heben. Backblech mit Backpapier belegen und den Teig aufstreichen, bei 175 °C 20 Minuten backen, dann die Mandelmasse darüber verteilen und nochmals 10 Minuten bei gleicher Temperatur backen. Kuchen auskühlen lassen. / Für die Fülle aus Milch, Puddingpulver und Zucker einen Pudding bereiten, den man während des Auskühlens öfter umrührt. Zimmerwarme Butter in Stücke schneiden und flaumig abtreiben, Pudding unterrühren. / Kuchen in vier Stücke schneiden, jeweils Deckel von 1 1/2 cm abschneiden und die Creme auf dem Kuchenboden verteilen, Deckel wieder draufsetzen.

Wir bereiten die Mandelmasse als ersten Arbeitsschritt zu, da der Honig dann gut in die Mandeln einziehen kann und sich die Mandelmasse leicht auf dem Kuchen verteilen lässt.

Staubzucker-Eiklar-Glasur leicht antrocknen lassen, bevor man die Linien zieht. So lassen sich die Esterházyschnitten gut verzieren.

Esterházyschnitten

ZUTATEN

6 Eier
220 g Staubzucker
125 ml Öl
125 ml Kaffee
220 g Weizenmehl, universal
1/2 Pkg. Backpulver
150 g Haselnüsse, gerieben

ZUM BESTREICHEN

Marillenmarmelade

FÜR DIE CREME

500 g Butter
500 g Nougat

FÜR DIE GLASUR

300 g Staubzucker
1 Eiklar

FÜR DIE DEKO

1/2 TL Kakao
1/4 der Zuckerglasur

Backtemperatur: **175 °C HEISSLUFT**
Backzeit: **10 MIN**

Eier trennen und Eiklar zu steifem Schnee aufschlagen. Die Dotter mit gesiebtem Staubzucker, Öl und Kaffee schaumig rühren. Mehl mit Backpulver vermischen und sieben. Eischnee, Haselnüsse und Mehl unter die Dottermasse heben. Die Masse auf zwei mit Backpapier belegte Backbleche ganz dünn aufstreichen. Im vorgeheizten Backrohr bei 175 °C 10 Minuten backen. / Die Kuchenböden auskühlen lassen und der Länge nach in der Mitte durchschneiden, sodass man 4 gleiche Kuchenböden hat. / Marmelade gut verrühren und auf die Kuchenböden aufstreichen. / Butter und Nougat flaumig rühren, drei Kuchenböden damit bestreichen und aufeinanderlegen. / Für die Glasur gesiebten Staubzucker mit Eiklar verrühren, die Mischung sollte zähflüssig sein. 3/4 der Glasur auf dem Kuchen verstreichen, den Rest mit 1/2 TL Kakao vermischen und mit einem Dressiersack (schmal, glatte Tülle) gerade Linien ziehen. Mit einem Zahnstocher von der Linie weg Muster ziehen.

Kardinalschnitten

ZUTATEN
FÜR DIE SCHNEEMASSE

5 Eiklar
250 g Zucker
2 EL Maizena

FÜR DEN BISKUIT

2 Eier
5 Dotter
60 g Zucker
60 glattes Mehl
1 Msp. Backpulver

FÜR DIE CREME

2 Blatt Gelatine
4 EL Espresso, kalt
500 ml Schlagobers
3 EL Zucker

Staubzucker zum Bestreuen

Backtemperatur: **150 °C**
Backzeit: **30 MIN**

Eiklar zu steifem Schnee schlagen, während des Schlagens nach und nach Zucker dazugeben, am Schluss Maizena unterheben. / Für den Biskuit Eier trennen, Eiklar zu steifem Schnee schlagen, Zucker und alle Dotter schaumig rühren. Eischnee unter die Dottermasse heben, Mehl mit Backpulver versieben und ebenfalls unter die Masse heben. / Backblech mit Backpapier belegen. Schneemasse in einen Dressiersack mit glatter Tülle füllen, der Längs nach mit einem Abstand von 2 cm 3 Streifen Schneemasse aufdressieren. / In den Abstand Biskuitmasse dressieren. Vorgang wiederholen. / Backblech ins Backrohr schieben und bei 150 °C 30 Minuten backen. Anschließend gut auskühlen lassen. / Gelatine in Wasser auflösen, ausdrücken und in den noch lauwarmen Espresso einrühren, dann Espresso auskühlen lassen. Schlagobers mit Zucker steif schlagen, etwas Schlagobers abnehmen und unter den Espresso rühren, dann Espresso unter das restliche Schlagobers rühren. / Einen Boden umdrehen, mit Schlagobers bestreichen und den zweiten Boden draufsetzen. / Mit gesiebtem Staubzucker bestreuen.

Cremiges und Schokoladiges vom Blech

Als bekennende Liebhaberinnen von cremigen und schokoladigen Kuchen wurde unser Appetit während des Schreibens der Rezepte schon so groß, dass alleine der Gedanke an die herrlich flaumigen Kuchen genügte, um uns immer wieder in die Küche zu bringen.

In diesem Abschnitt finden Sie einen Teil der cremigen Köstlichkeiten, auch im Rezeptteil der Klassiker und Fruchtigen sind viele Rezepte für Kuchen mit Creme und Schokolade enthalten. Blättern Sie einfach durch und suchen Sie sich Ihren Favoriten, der Lust aufs Nachbacken weckt.

Schokolade-Nuss-Schnitten

ZUTATEN

150 g Schokolade
250 g Butter, zimmerwarm
250 g Zucker
1 EL Rum
6 Eier
150 g glattes Mehl
1 Msp. Backpulver
150 g Nüsse, gerieben

FÜR DIE DEKO

Staubzucker
Zimt
50 g Schokolade, gehackt

Backtemperatur: **175 °C**
Backzeit: **30 MIN**

Schokolade im Wasserbad schmelzen. Noch lauwarm mit in Stücke geschnittener Butter, Zucker und Rum flaumig abtreiben. Eier nach und nach dazurühren. Mehl mit Backpulver verrühren und sieben, mit den Nüssen vermischen. Mehl-Nussmischung unter den Teig heben. Backblech mit Backpapier belegen, Teig aufstreichen und bei 175 °C 30 Minuten im vorgeheizten Backrohr backen. Mit gesiebtem Staubzucker, Zimt und gehackter Schokolade bestreuen.

Russischer Zupfkuchen

ZUTATEN

180 g Butter, zimmerwarm
150 g Zucker
2 Eier
300 g Mehl
1/2 Pkg. Backpulver
40 g Kakao

FÜR DIE TOPFENMASSE

3 Eier
500 g Topfen, 20 %
100 g Zucker
200 ml Schlagobers

Backtemperatur: **180 °C**
Backzeit: **40 MIN**

Butter und Zucker mit den Eiern flaumig aufschlagen. Mehl mit Backpulver vermischen und sieben. Mehl unter die Masse heben. / Für die Topfenmasse Eier trennen, Eiklar zu steifem Schnee schlagen, Topfen, Dotter, Zucker und Schlagobers verrühren, Eischnee unterheben. / Backblech mit Backpapier belegen und 2/3 des Teiges aufstreichen. Topfenmasse über dem Teig verteilen. Restlichen Teig mit gesiebtem Kakao vermischen und von diesem Teig kleine Stücke abzupfen, die man über dem Kuchen verteilt. Im vorgeheizten Backrohr bei 180 °C 40 Minuten backen.

Raffaelloschnitten

ZUTATEN

5 Eier
180 g Zucker
125 ml Öl
125 ml Wasser
250 g Mehl
1/2 Pkg. Backpulver
2 EL Kakaopulver

FÜR DEN BELAG

250 g weiße Schokolade
500 ml Schlagobers
100 g Kokosette
24 Raffaellokugeln

Backtemperatur: **175 °C**
Backzeit: **30 MIN**

Eier trennen. Eiklar zu steifem Schnee schlagen. Dotter, Zucker, Öl und Wasser schaumig aufschlagen. Mehl mit Backpulver und Kakao verrühren und sieben. Eischnee und dann Mehl unter die Masse heben. Backblech mit Backpapier belegen und die Masse aufstreichen. Bei 175 °C für 30 Minuten backen. Kuchen auskühlen lassen. / Für die Creme weiße Schokolade im Wasserbad zerlassen und überkühlen. Schlagobers steifschlagen und die weiche, gut ausgekühlte Schokolade nach und nach unterrühren. Die Creme auf den Kuchen aufstreichen, mit Kokosette bestreuen und mit Raffaellokugeln belegen.

Butterkekskuchen

ZUTATEN

6 Eier
150 g Zucker
150 g glattes Mehl
1 Msp. Backpulver

FÜR DIE FÜLLE

1 l Orangen-Maracuja-Saft
3 Pkg. Vanillepuddingpulver
Zucker nach Belieben

FÜR DEN BELAG

500 ml Schlagobers
1 Pkg. Sahnesteif
75 g Zucker
24 Butterkekse

Backtemperatur: **180 °C**
Backzeit: **15 MIN**

Eier trennen. Eiklar zu steifem Schnee schlagen, Dotter und Zucker schaumig rühren, Mehl mit Backpulver vermischen und sieben. Eischnee und dann Mehl unter die Dottermasse heben. Backblech mit Backpapier belegen und die Masse aufstreichen. Im vorgeheizten Backrohr bei 180 °C für 15 Minuten backen. Kuchenboden auskühlen lassen. / Für die Fülle aus Orangen-Maracuja-Saft und Puddingpulver einen Pudding bereiten, eventuell Zucker dazugeben, meist hat der Saft jedoch genügend Süße. Pudding überkühlen lassen und auf den Kuchenboden aufstreichen. Gut auskühlen lassen. / Schlagobers mit Sahnesteif aufschlagen, Zucker dazurühren und auf den Kuchen streichen, dann die Butterkekse darauf verteilen.

Nutellaschnitten

ZUTATEN

5 Eier
125 ml Sonnenblumenöl
125 ml prickelndes Mineralwasser
250 g Zucker
250 g glattes Mehl
1/2 Pkg. Backpulver

Himbeermarmelade

FÜR DIE CREME

750 ml Schlagobers
2 Pkg. Sahnesteif
3 gehäufte EL Nutella

FÜR DIE DEKO

1 EL Nutella

Backtemperatur: **175 °C**
Backzeit: **30 MIN**

Eier trennen. Eiklar zu steifem Schnee schlagen. Öl mit Mineralwasser vermischen, dann mit Zucker und Dotter schaumig schlagen. Eischnee unterheben. Mehl mit Backpulver vermischen, sieben und unter die Masse heben. / Backblech mit Backpapier belegen und die Masse aufstreichen. Im vorgeheizten Backrohr bei 175 °C 30 Minuten backen. Den Kuchenboden auskühlen lassen. / Schlagobers mit Sahnesteif aufschlagen, die Hälfte des Schlagobers zurückbehalten, in die restliche Hälfte das Nutella vorsichtig einrühren. Himbeermarmelade verrühren und auf den Kuchenboden aufstreichen, die Nutellacreme auf dem Kuchen verteilen und mit Schlagobers abschließen. Dann zimmerwarmes Nutella in einen Dressiersack mit glatter Tülle füllen und auf den Kuchen dressieren.

Nutellacreme ist sehr rasch und einfach zubereitet, kann man auch für andere Kuchenböden gut verwenden, wenn es einmal schnell gehen soll.

Schneewittchenkuchen

ZUTATEN

300 g Butter, zimmerwarm
200 g Zucker
1 Pkg. Vanillezucker
5 Eier
2 EL Wasser, warm
300 g Mehl, universal
1/2 Pkg. Backpulver
3 TL Kakao
1 Glas (ca. 700 ml) Kirschen

FÜR DIE CREME

750 ml Milch
2 Pkg. Vanillepuddingpulver
300 g Butter
100 g Zucker

FÜR DIE SCHOKOLADEGLASUR

2 TL Butter
300 g Zartbitterkuvertüre

Backtemperatur: **175 °C**
Backzeit: **35 MIN**

Butter in Stücke schneiden, mit Zucker und Vanillezucker flaumig rühren, nach und nach die ganzen Eier und das Wasser einrühren. Mehl mit Backpulver verrühren und sieben. Mehl unter die Masse rühren, dann die Hälfte des Teiges auf ein mit Backpapier belegtes Backblech streichen, den restlichen Teig mit gesiebtem Kakao verrühren und über den hellen Teig streichen. Gut abgetropfte Kirschen auf dem Teig verteilen. Dann bei 175 °C für 35 Minuten im vorgeheizten Backrohr backen. Kuchenteig auskühlen lassen. / Für die Creme aus Milch und Vanillepuddingpulver einen Pudding zubereiten, auskühlen lassen. Butter mit Zucker flaumig abrühren, Vanillepudding dazugeben. Die Creme auf den Kuchen aufstreichen und einige Stunden kühl stellen. / Für die Glasur Butter zerlassen und die Kuvertüre dazugeben, bei kleiner Flamme schmelzen. Die Glasur überkühlen lassen und auf den Kuchen aufstreichen. Mit einem Tortenkamm wellenförmige Muster einzeichnen. Man kann die Kuvertüre und die Butter auch im Wasserbad schmelzen.

Sollte die Glasur einmal optisch nicht so gut gelingen, einfach eine dünne zweite Schicht Glasur darübergeben.

Überraschendes vom Blech

Die Verwendung Roter Rüben in einem süßen Backbuch? Karotten als Basis für einen extrasaftig-flaumigen Kuchen? Ein einfacher Mineralwasser-Ölteig, der auf der Zunge zergeht? Die Kuchen in diesem Rezeptteil zeichnen sich vor allem auch dadurch aus, dass sie sehr lange frisch bleiben. Zugegeben, bei einem Kuchen mit gekochten und pürierten Roten Rüben mussten auch wir erst einmal alle Zutaten verarbeiten und den Kuchen backen, um ihn dann kritisch zu probieren – und was sollen wir sagen, der Rote Rüben-Kuchen ist einer unserer Favoriten geworden.

Probieren Sie einmal den Baileyskuchen aus, Baileys scheint eine ganz wunderbare Backeigenschaft zu haben, denn dieser Kuchen verdoppelt sein Volumen während des Backens, und man kann förmlich zusehen, wie er aufgeht.

Wer im Sommer, so wie wir auch, eine üppige Zucchini-Ernte hat, wird sich über das Rezept für den Zucchinikuchen sehr freuen und diesen herrlichen Kuchen gleich ausprobieren, sobald die Erntesaison da ist.

Mandelkuchen

ZUTATEN

6 Eier
200 g Zucker
400 g Mandeln, gemahlen
3 EL Semmelbrösel
1 Msp. Backpulver

Backtemperatur: **175 °C**
Backzeit: **25 MIN**

Eier trennen. Eiklar zu steifem Schnee schlagen, Dotter mit Zucker flaumig aufschlagen. / Mandeln mit Semmelbröseln und Backpulver vermischen. Eischnee unter die Dottermasse heben und die Mandelmischung einrühren. Backpapier auf ein Backblech legen und die Masse aufstreichen. Bei 175 °C 25 Minuten backen.

Dieser Mandelkuchen ist schnell gemacht und schmeckt am besten, wenn man ihn in kleine, mundgerechte Stücke schneidet. Man kann auch Schokoladeglasur (siehe Seite 25) darüber-geben oder den Kuchenboden halbieren und mit Schokoladecreme (siehe Seite 24) füllen.

Pastinakenkuchen

ZUTATEN

500 g Pastinaken
250 g Butter, zimmerwarm
220 g Zucker
5 Eier
220 g glattes Mehl
1/2 Pkg. Backpulver

Staubzucker zum Bestreuen

Backtemperatur: **180 °C**
Backzeit: **35 MIN**

Pastinaken schälen und fein raspeln. Butter in Stücke schneiden und mit Zucker flaumig rühren, nach und nach Eier einrühren. Mehl mit Backpulver vermischen und sieben, dann abwechselnd mit Pastinaken unter die Masse heben. Backblech mit Backpapier belegen und die Masse aufstreichen. Im vorgeheizten Backrohr bei 180 °C 35 Minuten backen. Auskühlen lassen und mit gesiebtem Staubzucker bestreuen.

Pastinakenkuchen, in kleine Stücke geschnitten, passt gut zu Vanilleeis als Dessert.

Steppdeckenschnitten

ZUTATEN

5 Eier
350 g Zucker
125 ml Öl
125 ml Wasser, warm
350 g Mehl, universal
3/4 Pkg. Backpulver

FÜR DIE TOPFENMASSE

2 Eier
500 g Topfen, 20 % Fett i. Tr.
70 g Staubzucker

Backtemperatur: **175 °C**
Backzeit: **40 MIN**

Eier und Zucker schaumig aufschlagen, Öl und Wasser vermengen, dazugeben und kurz verrühren. Mehl mit Backpulver vermischen und sieben, dann vorsichtig unter die Masse heben. / Für die Topfenmasse Eier trennen. Eiklar zu steifem Schnee schlagen, Topfen mit Dotter und Zucker kurz abrühren, dann den Eischnee unterheben. Backblech mit Backpapier belegen und den Teig aufstreichen. Die Topfenmasse in einen Dressiersack mit Sterntülle füllen und gitterförmig auf den Teig dressieren. Backblech ins Backrohr schieben und bei 175 °C 40 Minuten backen.

Zucchinikuchen

ZUTATEN

500 g Zucchini
3 Eier
125 g Butter, zimmerwarm
230 g Zucker
230 g Mehl
1/2 Pkg. Backpulver
120 g Haselnüsse, gerieben

ZUM BESTREICHEN

2 EL Marmelade

FÜR DIE CREME

500 ml Schlagobers
250 g Crème fraîche
100 g Pistazien, gehackt

Backtemperatur: **175 °C**
Backzeit: **30 MIN**

Die Zucchini schälen und reiben. Eier mit in Stücke geschnittener Butter und dem Zucker flaumig rühren. Mehl mit Backpulver vermischen und sieben, dann die Haselnüsse dazugeben. Zucchini unter die Masse heben und die Mehlmischung ebenfalls einarbeiten. / Im vorgeheizten Backrohr bei 175 °C für 30 Minuten backen. Den Kuchen auskühlen lassen. Die Marmelade verrühren und auf den Kuchen streichen. / Für die Creme das Schlagobers steif aufschlagen, Crème fraîche abrühren und mit Schlagobers vermengen. Anschließend mit einer Teigkarte aufstreichen und mit gehackten Pistazien bestreuen.

Baileyskuchen

ZUTATEN

5 Eier
175 g Zucker
400 g Mehl
1 Pkg. Backpulver
20 g Kakao
100 g Mandeln, gemahlen
200 ml Sonnenblumenöl
300 ml Baileys

ZUM BESTREICHEN UND BESTREUEN

3 EL Himbeermarmelade
4 EL Baileys
200 g Staubzucker, gesiebt
100 g Kokosflocken

Backtemperatur: **175 °C**
Backzeit: **30 MIN**

Eier und Zucker schaumig rühren. Mehl mit Backpulver und Kakao verrühren, sieben und Mandeln dazugeben, abwechselnd mit Öl und Baileys in die Masse einarbeiten. Backblech mit Backpapier belegen und den Teig aufstreichen. Im vorgeheizten Backrohr bei 175 °C 30 Minuten backen. / Kuchen auskühlen lassen, anschließend mit Marmelade bestreichen. Baileys mit Staubzucker verrühren, mit einem Pinsel aufstreichen, dann Kokosflocken darüberstreuen.

Baileyskuchen geht sehr stark auf, er kann auch in der Mitte auseinandergeschnitten, mit Marmelade bestrichen oder mit einer Creme (zum Beispiel unserer Schokoladecreme, Seite 24) gefüllt werden.

Karottenkuchen

ZUTATEN

200 g Karotten
250 g Butter, zimmerwarm
350 g Zucker
3 Eier
300 g griffiges Mehl
1/2 Pkg. Backpulver
125 ml Wasser
120 g Mandeln, gerieben

Marillenmarmelade zum Bestreichen

FÜR DEN BELAG

500 ml Schlagobers
1 Pkg. Sahnesteif
Marzipankarotten

Backtemperatur: **175 °C**
Backzeit: **40 MIN**

Karotten schälen und raspeln, Butter mit Zucker und Eiern flaumig rühren. Mehl mit Backpulver verrühren und sieben. Karotten, Wasser, Mandeln und gesiebtes Mehl unter die Masse rühren. Backblech mit Backpapier belegen und die Masse aufstreichen. Bei 175 °C im vorgeheizten Backrohr 40 Minuten backen. Kuchen auskühlen lassen, mit verrührter Marillenmarmelade bestreichen. / Schlagobers mit Sahnesteif aufschlagen, etwas Schlagobers zurückbehalten, restlichen Schlagobers über dem Kuchen verteilen. Mit dem Dressiersack (Sterntülle) Rosetten aufspritzen und mit Marzipankarotten dekorieren.

Kastanienkuchen

ZUTATEN

6 Eier
200 g Butter, zimmerwarm
180 g Zucker
1 Pkg. Vanillezucker
200 g Kastanienpüree
200 g Haselnüsse, gerieben
50 g griffiges Mehl
1 Msp. Backpulver

Marillenmarmelade zum Bestreichen

FÜR DIE CREME

500 ml Schlagobers
Zucker nach Belieben

300 g Kastanienreis

Backtemperatur: **175 °C**
Backzeit: **40 MIN**

Eier trennen. Eiklar zu steifem Schnee schlagen, Butter in Stücke schneiden und mit Zucker und Dottern sowie dem Vanillezucker flaumig rühren. Kastanienpüree dazugeben und gut verrühren. Eischnee unterheben, dann die Haselnüsse und das mit Backpulver verrührte und gesiebte Mehl dazugeben. Backblech mit Backpapier belegen und die Masse aufstreichen. Bei 175 °C 40 Minuten backen. / Den Kuchenboden auskühlen lassen, Marillenmarmelade verrühren und aufstreichen. Dann Schlagobers steifschlagen, Zucker nach Belieben einrühren und über dem Kuchen verstreichen. Anschließend Kastanienreis darüber verteilen.

Mineralwasserkuchen

Rezeptangaben
für eine Tasse zu 125 ml

ZUTATEN

5 Eier
2 Tassen Zucker
1 Tasse Sonnenblumenöl
4 Tassen Mehl
1 Pkg. Backpulver
ca. 1 Tasse prickelndes Mineralwasser

FÜR DIE CREME

400 g Crème fraîche
500 g Sauerrahm
1 EL Staubzucker

Staubzucker und Zimt zum Bestreuen

Backtemperatur: **175 °C**
Backzeit: **30 MIN**

Eier trennen. Eiklar zu steifem Schnee schlagen. Dotter mit Zucker und Öl schaumig aufschlagen. Dottermasse mit dem Eischnee vermengen, Mehl mit Backpulver vermischen und sieben, dann unter die Masse heben. Am Schluss so viel Mineralwasser dazugeben, dass ein geschmeidiger Teig entsteht, der sich gut aufstreichen lässt. / Backblech mit Backpapier belegen und die Masse aufstreichen, bei 175 °C 30 Minuten backen. Den Kuchenboden auskühlen lassen. / Crème fraîche mit Sauerrahm und Staubzucker verrühren und auf den Kuchen aufstreichen. Staubzucker sieben und Kuchen mit Staubzucker und Zimt bestreuen.

Die Masse für den Kuchenboden lässt sich leichter aufstreichen, wenn man die Teigkarte mit kaltem Wasser befeuchtet.

Rote Rüben-Kuchen

ZUTATEN

250 g Rote Rüben, gegart
4 Eier
200 g Kochschokolade
200 g Butter, zimmerwarm
160 g Zucker
130 g glattes Mehl
1/3 Pkg. Backpulver

FÜR DIE CREME

500 ml Schlagobers
250 ml Crème fraîche
1 TL Rote Rüben-Saft

Backtemperatur: **165 °C**
Backzeit: **45 MIN**

Rote Rüben pürieren. Eier trennen. Eiklar zu steifem Schnee schlagen. Schokolade im Wasserbad erwärmen, etwas auskühlen und zur in Stücke geschnittenen Butter geben. Mit Zucker und Dotter flaumig abrühren. Rote Rüben-Püree dazugeben, Schnee unter die Masse heben, Mehl mit Backpulver vermischen und sieben, einrühren. / Backblech mit Backpapier belegen und die Masse aufstreichen. Im vorgeheizten Backrohr bei 165 °C für 45 Minuten backen und auskühlen lassen. / Für die Creme Schlagobers steif aufschlagen, Crème fraîche abrühren und mit Schlagobers und Rote Rüben-Saft vorsichtig vermengen. Creme locker mit einer Teigkarte über dem Kuchen verteilen.

Wir vermischen den Rote Rüben-Saft mit Schlagobers, damit er genauso gut aussieht, wie er schmeckt – wunderbar erfrischend und saftig. Man kann den Kuchen aber auch einfach nur mit Staubzucker bestreut genießen.

Riegel vom Blech

GESUND UND EINFACH SELBST GEMACHT

Lust auf einen süßen Snack zwischendurch, der zudem noch gesund ist? Willkommen in der Welt der selbst gemachten Riegel, die, hat man sich erst einmal mit den Grundlagen der Zubereitung vertraut gemacht, wandelbar und unglaublich vielfältig ist. Momentan ist unser Favorit ein Riegel aus gepopptem Amarant, wir haben hier ein einfaches Rezept entwickelt, das sicher gelingt. Aber auch Sesam- und Müsliriegel finden den Weg aus unserer Backstube.

Um Ihnen die Herstellung der Riegel zu erleichtern, haben wir ein paar Praxistipps zusammengestellt, damit Sie Ihre selbst gemachten Riegel schon bald genießen können:

- **BACKRAHMEN VERWENDEN:** Dadurch werden die Riegel auch an den äußeren Rändern gleichmäßig hoch. Zusätzlich kann man den Backrahmen noch in der Größe verstellen, sodass man auch eine kleinere Menge Riegel herstellen kann. Hat man keinen Backrahmen, so drückt man die Ränder der Masse mit einer befeuchteten Teigkarte in Form.

- **BACKBLECH MIT BACKPAPIER BELEGEN:** Dann kann man die Riegel, sollte man das Backblech in der Zwischenzeit benötigen, auch auf dem Backpapier auskühlen und fest werden lassen.

- **EINFACHE MENGENANGABEN:** Die Menge für die Zutaten wie Honig oder Mandelmus haben wir in Esslöffeln angegeben, das erspart umständliches Abwiegen.

- **RIEGEL GUT AUFS BLECH DRÜCKEN:** Dafür werden die Handflächen mit kaltem Wasser befeuchtet oder man verwendet eine befeuchtete Teigkarte.

- **TIPP FÜRS AUSROLLEN:** Rollt man die Riegel aus, dann legt man vor dem Ausrollen Backpapier über die auf dem Backblech verteilte Masse. Der Backrahmen, sofern man einen verwendet, wird erst nach dem Ausrollen aufgesetzt.

- **WIE MAN DIE RIEGEL LAGERN KANN?** Unsere jüngste Tochter meinte: So gut wie die Riegel schmecken, isst man sie sowieso sofort auf. Wenn aber doch einmal Riegel auf Vorrat gemacht werden, dann legt man sie schichtweise in eine Frischhaltedose und gibt zwischen jede Schicht Backpapier. Die Haltbarkeit ist unterschiedlich und hängt von vielen Faktoren ab, zum Beispiel von der Frische der verwendeten Zutaten.

- **WENN WIR UNSERE RIEGEL ALS GASTGESCHENK MITBRINGEN,** umhüllen wir sie mit Backpapier und schnüren sie mit einer Kordel aus Naturmaterial zu. Manchmal passiert's, dass beim Schneiden der Riegel gröbere Brösel abfallen, sie schmecken herrlich über das Müsli gestreut. Riegel sind praktisch, wenn überraschend Besuch kommt, weil man etwas köstlich Selbstgemachtes anbieten kann.

- **UNSERE GRUNDREZEPTE LASSEN SICH LEICHT ABWANDELN:** Sie können Hafer- oder Dinkelflocken, Datteln, Dörrpflaumen oder Cranberrys, Sonnenblumen- oder Kürbiskerne austauschen, dabei sollten Sie sich lediglich an die Mengenangaben in den Rezepten halten.

Sesamriegel

ZUTATEN

720 g Sesam
100 ml Sesamöl
18 EL Honig

Backblech mit Backpapier belegen. Sesam aufstreuen und bei 165 °C 15 Minuten rösten. / 1 EL Sesamöl in eine Pfanne geben und den Honig ca. 5 Minuten bei reduzierter Hitze unter ständigem Rühren etwas einkochen. Den gerösteten Sesam dazugeben und kurz unter Rühren weiterrösten, dann die Masse auf das mit Backpapier belegte Blech aufstreichen. Mit einem zweiten Backpapier belegen und mit dem Nudelholz darüberrollen. Nach ca. 1/2 Stunde die Sesammasse mit einer befeuchteten Teigkarte in die gewünschte Riegelgröße teilen und etwas auseinanderdrücken. Sesamriegel kühl lagern.

Cranberryriegel

ZUTATEN

200 g Cranberrys
20 g Butter
10 EL Honig
200 g Haferflocken
200 g Dinkelflocken

Cranberrys in kleine Stücke schneiden. Butter und Honig zerlassen, Haferflocken und Dinkelflocken dazugeben und 5 Minuten unter Rühren bei schwacher Hitze rösten, Cranberrys dazurühren. / Backblech mit Backpapier belegen und Backrahmen daraufsetzen. Masse mit einer Teigkarte, die man in kaltes Wasser getaucht hat, aufstreichen und festdrücken. Riegel in gewünschter Form abstechen und etwas auseinanderdrücken. Einige Stunden kühl stellen.

Sesamriegel

Müsliriegel

ZUTATEN

100 g Datteln
100 g Feigen
100 g Haselnüsse, Cashew-
nüsse oder Mandeln
20 g Butter
10 EL Honig
400 g Haferflocken

Datteln entkernen und in kleine Stücke schneiden, Feigen ebenfalls in kleine Stücke schneiden. Nüsse oder Mandeln hacken. Butter und Honig zerlassen, Haferflocken dazugeben und 5 Minuten unter Rühren bei schwacher Hitze rösten. Datteln, Feigen und gehackte Nüsse oder Mandeln hinzufügen. / Backblech mit Backpapier belegen und Backrahmen daraufsetzen. Masse mit einer Teigkarte, die man in kaltes Wasser getaucht hat, aufstreichen und mit den Händen, die man befeuchtet hat, oder mit der Teigkarte festdrücken. Mit der Teigkarte Riegel in gewünschter Form abstechen und etwas auseinanderdrücken. Einige Stunden trocknen.

Amarantriegel

ZUTATEN

120 g Kokosöl
4 EL Honig
40 g Mandeln
6 EL Mandelmus
1 Msp. Zimt
1 Prise Salz
100 g gepoppter Amarant

Kokosöl in einem kleinen Topf bei schwacher Hitze zerlassen, Honig einrühren und ebenfalls zerlassen. Inzwischen Mandeln hacken, dann Mandelmus, Zimt und Salz unter die Kokosöl-Honigmischung rühren, Amarant untermengen. Masse immer wieder durchrühren und ziehen lassen, ca. 15 Minuten. Masse auf ein mit Backpapier belegtes Backblech streichen und einige Stunden kühl stellen. Dann die Riegel in gewünschte Größe schneiden. Kühl lagern.

Mandeln lassen sich einfach hacken, wenn man sie auf ein Schneidebrett legt, ein Küchentuch darübergibt und mit dem Schnitzelklopfer bearbeitet.

Erdnussbutterriegel

ZUTATEN

6 EL Kokosöl
40 g Sonnenblumenkerne
80 g Kürbiskerne
200 g Datteln
250 g Erdnusscreme
400 g Haferflocken
1 TL Zimt
1 Prise Salz

FÜR DIE GLASUR UND ZUM BESTREUEN

130 g Zartbitterschokolade
20 g Kokosraspel

Kokosöl zerlassen, Sonnenblumenkerne, Kürbiskerne und entkernte Datteln klein hacken bzw. schneiden. Erdnusscreme in Kokosöl unter Rühren zerlassen. Alle Zutaten zusammenrühren und einige Minuten durchziehen lassen. Backblech mit Backpapier belegen, Backrahmen daraufsetzen und die Masse mit einer Teigkarte, die man in kaltes Wasser getaucht hat, aufstreichen, Hände befeuchten und die Masse gut andrücken. / Zartbitterschokolade im Wasserbad erhitzen und auf die Masse aufstreichen, etwas anziehen lassen und dann Riegel mit der Teigkarte in gewünschter Form abdrücken, mit Kokosraspeln bestreuen. Kühl stellen.

Veganes und Glutenfreies vom Blech

Wer aus gesundheitlichen Gründen glutenfrei lebt, der kann heutzutage auf eine Fülle an Mehlsorten zurückgreifen, die sich gut zum Backen eignen. Wir sind vom glutenfreien Backen begeistert und werden das sicherlich in unseren Backalltag einbauen. Das Thema ist jedoch so speziell, dass wir in diesem Backbuch – um keine Verwirrung zu stiften – nicht näher darauf eingehen möchten. Es war uns aber wichtig, das Thema einzufügen und einige gut nachzubackende Rezepte für Sie bereitzustellen, wenn sich bei Ihnen Besuch ankündigt, der vegan und/oder glutenfrei lebt. Denn dann ist es eine schöne und liebenswerte Geste, Kuchen ohne Zutaten tierischen Ursprungs und/oder ohne Gluten zu backen. Mit den nachstehenden Rezepten gelingen die Kuchen sicher. Sie werden sehen, Ihr Besuch wird sich sehr darüber freuen, und diese Freude kehrt wieder zurück.

HIER NOCH EIN PAAR ALLGEMEINE TIPPS & TRICKS ZU VEGANEM UND GLUTENFREIEM BACKEN:

Kurkuma gibt veganen Kuchen eine schöne gelbe Farbe.

❀

Hochwertiges Öl eignet sich bei vielen Rezepten hervorragend, wenn vegane Margarine gerade nicht verfügbar ist (viele pflanzliche Margarinesorten haben Anteile an Produkten, die tierischen Ursprungs sind). Vegane Produkte zu kaufen ist auf dem Land wesentlich schwieriger als in größeren Städten, das Angebot ist noch nicht so vielfältig, besonders auch, was Margarinen betrifft.

❀

Glutenfreie Backmischungen eignen sich hervorragend zum Backen von Kuchen, unser Favorit ist eine gluten- und laktosefreie Mehlmischung.

❀

Wer sich intensiver für veganes Backen interessiert: Brigitte Bach hat dazu das wunderbare Backbuch „Vegane Backträume" geschrieben.

❀

Zu glutenfreiem Backen gibt es im Internet eine sehr umfangreiche Homepage www.glutenfrei-kochen.de von Trudel Marquardt.

„Jetzt hast du mich aber vor ein Problem gestellt", meinte eine liebe Bekannte, als ich sie während der Zeit, in der ich mich vegan ernährte, besuchte. In ihrer liebevollen Art hatte sie sich bemüht, die Einladung auf meine Bedürfnisse abzustimmen, das heißt es gab Kaffee und vegane Kekse aus dem Reformgeschäft. Eineinhalb Jahre lang lebte ich aus Überzeugung vegan, und ich bin auf sehr viel Verständnis in meiner Umgebung gestoßen. Vegan zu leben war eine wunderbare Erfahrung, die ich nicht missen möchte.

Ich hatte zu Beginn mit dem veganen Backen meine Probleme, einerseits, weil ich nun einmal schon seit Jahrzehnten Butter anstelle von Margarine bevorzuge und auch besser vertrage, andererseits konnte ich mir das Gelingen eines Kuchens mit Ersatzprodukten einfach nicht vorstellen. Meine anfänglichen Versuche, vegan oder dann auch glutenfrei zu backen, scheiterten kläglich, was durchaus meiner Einstellung zu verdanken war, und ich kann mich noch an die Freude über meine ersten veganen Backerfolge erinnern, zum Beispiel der herrlich flaumige Zucchinikuchen (siehe Seite 130) wird auch heute bei uns noch gerne gebacken.

HEIDI HUBER

5 Kg
200
400
600
1
2
3
800
600
400
200

Glutenfreier Haselnuss-Biskuitboden

ZUTATEN

6 Eier
150 g Zucker
2 EL Wasser, warm
80 g Reismehl
1 Msp. glutenfreies Backpulver
90 g Haselnüsse, gemahlen

Backtemperatur: **190 °C**
Backzeit: **12 MIN**

Eier trennen. Eiklar zu steifem Schnee schlagen, Zucker mit Dotter und Wasser schaumig rühren. Reismehl mit Backpulver gut vermengen, sieben und mit den Haselnüssen vermischen. Eischnee unter die Dottermischung geben, Mehl-Haselnussmischung unterheben. Backblech mit Backpapier belegen und die Masse aufstreichen. Im vorgeheizten Backrohr bei 190 °C 12 Minuten backen.

Diesen Haselnuss-Biskuitboden kann man für Obstkuchen oder Schokolade- und Cremeschnitten verwenden.

Glutenfreie Nuss-Mandel-Schnitten

ZUTATEN

4 Eier
175 g Butter, zimmerwarm
175 g Zucker
150 g glutenfreies Mehl
1/3 Pkg. glutenfreies Backpulver
75 g Haselnüsse, gemahlen
75 g Mandeln, gemahlen

Nussbuttercreme, Seite 25

Backtemperatur: **175 °C**
Backzeit: **25 MIN**

Eier trennen. Eiklar zu steifem Schnee schlagen. Butter in Stücke schneiden und mit Zucker flaumig aufschlagen, Dotter nach und nach dazurühren. Mehl mit Backpulver verrühren, sieben und mit Haselnüssen und Mandeln vermischen. Eischnee und Nuss-Mandel-Mehlmischung abwechselnd unter die Dottermasse heben. Backblech mit Backpapier belegen und die Masse aufstreichen. Bei 175 °C für 25 Minuten backen. / Kuchen auskühlen lassen und mit Nussbuttercreme bestreichen.

Veganer und glutenfreier Kirschkuchen

ZUTATEN

150 g Reismehl
130 g glutenfreie Mehlmischung
150 g Mandeln, gemahlen
125 g Zucker
125 ml Öl
150 ml prickelndes Mineralwasser
1/2 Pkg. veganes, glutenfreies Backpulver
1 Msp. Kurkuma
1 Glas (700 g) oder 400 g frische Kirschen

Backtemperatur: **170 °C**
Backzeit: **40 MIN**

Reismehl und Mehlmischung mit Backpulver verrühren und sieben, Mandeln und Zucker dazugeben. Öl mit Wasser verquirlen und unter die Mehlmischung rühren. Backblech mit Backpapier belegen und die Masse aufstreichen. Die gewaschenen Kirschen darauf verteilen. Bei 170 °C 40 Minuten backen.

Wir verwenden eine fertige glutenfreie Mehlmischung aus Maisstärke und Sojamehl, die lactosefrei ist. In Kombination mit Reismehl hat diese eine hervorragende Backeigenschaft.

Veganer Zucchinikuchen

ZUTATEN

500 g Zucchini
6 EL Wasser + 3 EL Sojamehl
125 ml Sonnenblumenöl
125 ml Wasser
350 g Zucker
1 Msp. Kurkuma
120 Haselnüsse, gerieben
500 g Weizenmehl, universal
1 Pkg. veganes Backpulver

Backtemperatur: **175 °C**
Backzeit: **40 MIN**

Zucchini schälen, raspeln und etwas ausdrücken. Wasser und Sojamehl gut verrühren, Sonnenblumenöl, Wasser, Zucker und Kurkuma dazugeben und vermengen. Zucchini und geriebene Haselnüsse dazugeben. / Mehl mit Backpulver vermischen und sieben, unter die Masse heben. Backblech mit Backpapier belegen und die Masse aufstreichen, bei 175 °C 40 Minuten backen.

Vegane Bananenschnitten

ZUTATEN

150 g Mehl
1/2 Pkg. veganes Backpulver
150 g Haselnüsse, gemahlen
220 g Zucker
9 EL Öl
330 ml prickelndes Mineralwasser

ZUM AUFSTREICHEN UND BELEGEN

vegane Marillenmarmelade
4 Bananen

FÜR DIE CREME

2 Pkg. veganes Vanillepuddingpulver
800 ml Sojamilch
50 g Zucker (Menge nach Geschmack und Belieben)

FÜR DIE DEKO

70 g vegane Schokoherzen

Backtemperatur: **180 °C**
Backzeit: **15 MIN**

Mehl mit Backpulver vermischen und sieben, mit Haselnüssen und Zucker vermengen. Öl mit Mineralwasser kräftig verrühren und gleich unter die Mehl-Nussmischung geben. Masse auf ein mit Backpapier belegtes Backblech streichen und im vorgeheizten Backrohr bei 180 °C 15 Minuten backen. Kuchenboden überkühlen lassen, anschließend die verrührte Marmelade aufstreichen. Bananen schälen, in Scheiben schneiden und auf dem Kuchenboden verteilen. / Aus Puddingpulver, Sojamilch und Zucker einen Pudding bereiten, diesen überkühlen lassen, über den Bananen verteilen und auskühlen lassen. Mit Schokoherzen dekorieren.

Feste feiern, wie sie fallen

Wir lieben es, Blechkuchen für Feste aufzuhübschen. Schon länger backen wir zu festlichen Anlässen keine Torten mehr, sondern greifen auf unsere bewährten Blechkuchenrezepte zurück. Der Fantasie sind keine Grenzen gesetzt, wenn es gilt, Blechkuchen in ein festliches Kleid zu packen.

Sie können für Ihren festlichen Blechkuchen jeden Kuchen aus dem Rezeptteil verwenden, gut eignen sich natürlich alle, die mit Creme bestrichen sind. So wird aus den Raffaelloschnitten (siehe Seite 81) mit einigen Handgriffen ein festlicher Weihnachtskuchen, und die schnell gemachte Biskuitroulade (siehe Seite 53) verwandelt sich mit ein paar Zutaten in eine lustige Schnecke. Oder ein Blechkuchen, gebacken aus dem Schokoladekuchenteig (siehe Seite 20) mit Schlagobers bestrichen, mit Marillenstücken belegt und mit Schokoladepünktchen verziert, verwandelt sich in einen Schmetterlingskuchen.

Wer aus Zeitgründen, oder weil er einfach keine Hand dafür hat, mit Dekofiguren ein Problem hat, kann diese auch in Zuckerbäckereien bestellen. Ganz schön machen sich während der warmen Jahreszeit essbare Blüten auf dem Kuchen, wie Gänseblümchen, Rosenblätter, Malven und natürlich die hübschen Veilchen. Zitronenmelisse und Kleeblüten sehen ebenfalls sehr dekorativ aus.

Petit Fours

Um ein abwechslungsreiches Kuchenbuffet für einen festlichen Anlass vorzubereiten, nehmen wir von den Kuchen jeweils die Hälfte der angegebenen Menge im Rezept und backen zwei unterschiedliche gleichzeitig. Dabei sollten die Backzeit und Backtemperatur in etwa gleich sein. Damit kann man auf einfache Weise in kurzer Zeit die unterschiedlichsten Petit Fours kreieren. Blechkuchen nach dem Auskühlen in kleine Stücke schneiden und auf Kuchenplatten anrichten.

Einige Vorschläge für Petit Fours zum gemeinsamen Backen mit zwei Backrahmen auf einem Blech und der Hälfte der Mengenangabe des Rezeptes:

Kastanienkuchen + Steppdeckenschnitten

Schokolade-Nuss-Schnitten + Raffaelloschnitten

Sacherschnitten + Himbeer-Mohn-Schnitten

... EIGENE IDEEN ODER RUCK, ZUCK NACHGEMACHT!

Für die Dekoration der Petit Fours bereiten wir geschlagenes Schlagobers, Topfen- und Schokocreme vor. Mischt man unter geschlagenes Schlagobers etwas Rote Rüben-Saft, erhält man eine schöne Rosafärbung.

Zum Verzieren nehmen wir essbare Blüten, Schokobohnen, gehackte Pistazien, Haselnusskrokant, Dekoherzen, frische Früchte, in Schoko getunkte Biskottenstücke und Nüsse. Das Fest kann beginnen!

Anhang

Danke

Glossar

Abkürzungen

Alphabetisches Kuchen- und Rezeptregister

Heidis und Christinas Kuchenempfehlungen

Danke

Blechkuchen sind die Kuchen, die wir alle lieben, die Erinnerungen an schöne gemeinsame Stunden wecken, sei es bei einem Geburtstagsfest, als Abschluss eines gemütlichen Grillabends oder bei einer entspannten Schulfeier. Auch unsere eigenen Erinnerungen an herrlich duftende Blechkuchen sind damit verknüpft. Danke an all jene, denen wir in den letzten Monaten begegnet sind und die ins Schwärmen gerieten, wenn wir von unserem gemeinsamen Buchprojekt „Kuchenglück vom Blech" erzählten.

Danke an Anita Winkler vom Löwenzahn Verlag, deren Idee „Kuchenglück vom Blech" war, und an Christina Kindl-Eisank, die das Buchprojekt vom ersten Augenblick an auf so wunderbare Weise betreut hat. Der gemeinsame Fotoshooting-Tag wird uns allen in bester Erinnerung bleiben. Dem gesamten Team vom Löwenzahn Verlag ein herzliches Dankeschön.

Stefanie, dir danken wir für deine Kreativität, die dieses Backbuch sehr bereichert hat, und für deine tatkräftige Unterstützung.

Hermann, Herm, Anna, Manuel, Nicki und Sandra, Franzi und Eveline, danke für euer Dasein, wenn wir euch brauchten, es ist schön, so tolle Menschen an der Seite zu haben. Sophie, Nepomuk, Felix und Doris – euch danken wir für eure Freude und den Spaß, den wir beim Fotoshooting hatten.

Peter von Felbert, wir lieben deine Bilder, du hast unsere Kuchen auf einzigartige Weise in Szene gesetzt, und wenn Sie nicht wissen, welchen Kuchen Sie als Erstes nachbacken sollten, weil alle so herrlich aussehen, dann haben Sie es Peter von Felbert zu verdanken.

Und Ihnen, die Sie „Kuchenglück vom Blech" jetzt in den Händen halten, danken wir für Ihr Vertrauen in unsere Rezepte. Wir freuen uns, wenn Sie das Backen genießen, und wünschen Ihnen gutes Gelingen sowie schöne und fröhliche Stunden in netter Runde!

Glossar

Baileys ❀ irischer Cremelikör
Crème fraîche ❀ saure Sahne mit hohem Fettgehalt
Dotter ❀ Eigelb
dressieren ❀ mit einer Creme o. Ä. verzieren, die aus einem Dressiersack (Spritzsack) gedrückt wird
Eiklar ❀ Eiweiß
Kokosette ❀ Kokosflocken
Maizena ❀ Maisstärkepuder
Marille ❀ Aprikose
Ribisel ❀ Johannisbeere
Sauerrahm ❀ saure Sahne
Schlagobers ❀ Schlagsahne
Staubzucker ❀ Puderzucker
Topfen ❀ Quark
Zwetschke ❀ Zwetsche, Zwetschge

Abkürzungen

EL ❀ Esslöffel
g ❀ Gramm
l ❀ Liter
ml ❀ Milliliter
Msp. ❀ Messerspitze
Pkg. ❀ Packung
TL ❀ Teelöffel

Alphabetisches Kuchen- und Rezeptregister

Heidis und Christinas Kuchenempfehlungen

S. 85

S. 46

S. 42

Auflage:

2019	2018	2017	2016
4	3	2	1

Erlerstraße 10, A-6020 Innsbruck
E-Mail: loewenzahn@studienverlag.at
Internet: www.loewenzahn.at

Umschlag- und Buchgestaltung sowie grafische Umsetzung:
Johanna und Stefan Rasberger, www.labsal.at

Fotografien: Peter von Felbert

Gedruckt auf umweltfreundlichem, chlor-und säurefrei gebleichtem Papier.

Bibliografische Information Der Deutschen Bibliothek
Die Deutsche Bibliothek verzeichnet diese Publikation in der Deutschen Nationalbibliografie; detaillierte bibliografische Daten sind im Internet über <http://dnb.ddb.de> abrufbar.

ISBN 978-3-7066-2598-2